창의성을 길러주는 종이조형의 길잡이

종이조형 나라

「종이조형나라」로 창의성 신장과 인성교육을

이 준 서
(재)종이문화재단 평생교육원 원장

미래 사회는 교육을 통하여 개개인이 지니고 있는 잠재 능력을 개발하고 각자의 적성에 맞는 특기를 살려 생활의 질적인 아름다움을 추구하며 또한 독창적인 창의성을 길러 삶의 질을 높이도록하는 일이 중요하다 하겠습니다.

이와 같은 이유로 우리는 교실현장에서 어린이들의 잠재력과 창의성을 길러주기 위하여 무엇을 어떻게 가르쳐야 할지를 항상 연구하고 노력해 오던 중 교단 생활을 오래해 오신 전경자 선생님께서 그 동안 교실현장에서 직접 가르치시면서 연구제작에 활용하셨던 지도 자료를 정리하여 여러 선생님들께 도움을 드리고자 「종이조형나라」를 출긴하게 되었습니다.

「종이조형나라」는 초등 미술 교육과정에 충실했을 뿐만 아니라 생활 속에 묻어 있는 흥미로운 소재를 바탕으로 창의적인 아이디어로 발전시킬 수 있도록 단계적인 구성체계를 지니고 있어 어린이들을 지도하시는 분들이나 이 책을 접하시는 모든 분들께 만족할 만한 충분한 가치가 있다는 점이 저로서는 얼마나 기쁘고 다행스러운 일인지 모르겠습니다.

「종이조형나라」를 통한 교육활동은 산만한 아이들에게 안정감을 찾아주고 성취감과 집중력을 키워 줄 뿐만 아니라 요즘같이 무엇이든 빨리 빨리 서두르기만하는 조급증이 만연한 세상에 종이를 통하여 생각을 접고 마음을 접는 사이 인격형성에 도움이 되는 침착성을 길러주며 그 결과로 인해 창조성을 이끌어 낼 수 있도록 해주는 좋은 양서로 이 책은 부족함이 없다고 생각합니다.

한 장의 종이로 접고, 꼬고, 자르고, 오리고, 붙이는 몇 번의 손동작으로 작업이 이루어지는 동안 그 안에서 많은 상상의 나래가 펼쳐진다고 생각할 때 종이조형작업을 아끼고 사랑하는 모든 분들께 꼭 권하고 싶은 책이라 하겠습니다.

특히 이 책은 초등학교 정규시간 참고용으로나 특별활동시간의 특기·적성 교육의 일환으로 지도하시는 분들 뿐만이아니라 가정에서 가족끼리 모여 함께 즐거운 종이조형놀이를 하면서 표현의 무한한 가능성과 아름다운 것을 추구하고 그 아름다움에 감동을 얻고자 하는 분들을 위한 자료로 부족함이 없을 것입니다.

그런 점에서 종이조형작업을 하는 어린이나 지도교사, 학부모께서 많이 활용하시길 권하며 책을 펴내신 전경자 선생님, 노영혜 이사장님께 미술교육에 관여하는 사람으로서 고마운 뜻을 전합니다.

"종이조형으로 창의성을 기르자!"

종이조형이 주는 기쁨

전 경 자

(재)종이문화재단 평생교육원 교육전문위원

(재)종이문화재단 부설 한국종이조형교육협회 명예회장

아이들에게 무엇을 어떻게 가르칠 것인가 하는 문제는 우리 교사들에게는 끊임없이 고뇌해야 할 과제라고 생각합니다. 30여 년 교직생활을 하면서 평소 미술 교육에 관심을 가지고 있었습니다. 십 여년 전 어느날 미술 시간에 쓰다 남은 색종이 한 장으로 개구리 접는 법을 가르치게 되었는데 고사리 손으로 한 번 두 번 접어가는 동안 한 장의 종이는 생명을 지니게 되었고 아이들의 얼굴에 기쁨의 미소가 번져가는 것을 발견하고 스스로 놀랐습니다. "선생님 내 개구리가 금메달이예요!"

어느새 삼삼오오 짝을 지은 아이들은 높이 뛰기, 넓이 뛰기, 개구리 올림픽 경기를 열고 있었습니다. 그날 이 후 종이접기를 의도적으로 가르치게 되었고, 무한한 가능성을 지닌 종이 조형 예술의 세계로 들어선 나의 생활은 언제나 종이와 함께 하게 되었습니다. 나는 종이로 한 가지를 표현하면 그것을 응용하여 발전시켜 아이들에게 보여주고 또 아이들이 창의력을 발휘하여 그들만의 독특한 작품으로 다양하게 펼칠 수 있도록 생각의 장을 열어주려 나름대로 노력하였습니다. 교실 한 편에는 '나도 할수 있어요' 라는 창작작품 발표코너를 마련하여 주기도 하였습니다.

종이조형활동은 아이들의 두뇌를 개발 시키고 창조성, 창작력을 길러주며 집중력을 가지게 합니다. 색채 감각, 미적 정서가 길러지는 것은 물론 사물을 자세히 관찰하고 상상력이 풍부해 지는 것을 내가 가르친 아이들을 통해 많은 경험을 했습니다. 해가 거듭 될수록 종이조형활동을 통해 얻어지는 교육적인 효과에 대해 더욱 확신을 가지게 되었습니다. 지난 8월, 오랜 교직생활을 마감하고 아이들과의 이별을 아쉬워 할 여유도 없이 사단법인 한국종이접기협회 부설 종이조형연수원에서 교사들을 통해 다시 아이들에게 종이접기를 전할 수 있는 기회를 가지게 되었습니다. 하루하루 연수가 진행되어 가면서 예전의 나처럼 종이접기의 경이로운 세계로 첫 걸음을 내 디디며 기뻐하시는 선생님들과 함께 학교에서 아이들과 종이조형활동을 통해 느꼈던 기쁨을 또다시 느끼게 되었습니다. 연수를 통해 스스로 만든 작품을 바라보며 '종이조형의 세계가 이토록 무한하다는데 감탄했으며 내가 이처럼 많은 능력을 가졌는지 나 스스로도 놀랍다' 라는 어느 연수생의 소감을 듣고 그 작은 성취감이 교육 현장의 아이들에게 그대로 전해지리라 생각하니 너무도 큰 보람을 느낍니다.

요즈음은 학생들의 특기·적성 교육이 활성화 되어 많은 학교에서 종이조형을 지도하고 있습니다. 종이접기를 포함한 모든 종이조형활동을 어떻게 학교에서 적용시키느냐 하는 문제는 이 분야에 관심을 가진 모든 교사들이 연구해야할 과제입니다. 종이조형활동은 창작, 조립, 조직적 구성, 공간 구성이 확대된 창작 활동일 뿐더러 아이들의 인성지도에도 좋은 효과를 거둘 수 있는 분야라고 생각합니다.

뜻을 함께하는 선생님들께 조금이나마 도움을 드리고자 평소에 수업지도 자료로 마련했던 작품들을 모아 '종이조형나라' 를 펴 내게 되었습니다. 끝으로 항상 격려해 주시는 한국종이문화원 노영혜이사장님과 종이조형 교육원 이준서 원장님, 그리고 종이나라 편집부 여러분께 진심으로 감사드립니다.

전경자 선생님은요!

●1996년 제1회 전국종이조형 액세서리 콘테스트 대상 수상 ●1997년 제 1회 종이접기 창작비엔날레 은상 수상. 1992~1998년 초등교사 자율연수 종이접기 지도

●1994년 중등 가정과교사 연수 ●1995년 교육방송 만들기 지도 ●1996년 한국미술교육연합회 세미나 종이접기 실기 연수

●1999~현재 특기적성활동지도를 위한 종이조형 일반 연수 종이접기 지도 ●2000년 특기적성활동지도를 위한 중등교사 직무 연수 종이접기 지도

차례 CONTENTS

Part 1 탈것과 예쁜 꽃들

Part 2 동물 친구들과 도깨비

Part 3 장식품과 생활용품

Part 4 신나는 겨울

Part 5 꾸미기와 만들기

Part 6 수업연구 프로그램

재료와 도구

색종이

많이 사용하는 단면·양면 색종이에
서부터 무늬 색종이, 꽃나래 색종이,
양면 금은지 색종이 등 작품의 특성
에 맞게 사용한다.

본드

풀로 잘 붙지 않는 종이나
스티로폼을 붙일 때 사용한다.

다양한 종이

작품을 크게 만들거나 튼튼하
게 만들 때에는 구김시나 포장
지 등을 사용하는 것이 좋다.
좀 더 개성있는 작품을 만들고
싶을 때에는 무늬 한지를 사용
한다.

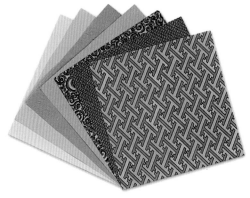

골판지

다양한 색의 골판지는 튼튼하고
두께가 두꺼워 종이조형의 좋은
재료이며 느낌이 특히 띠골판지는
감기와 엮기를 표현하는데 좋습니다.

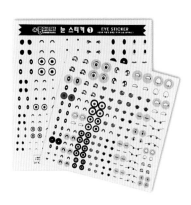

가위, 핑킹가위, 칼

종이접기를 할 때 필요한 기본 도구
이다. 가위로 자르기 어려운 부분은
칼을 사용하면 편리하며, 또 여러 가
지 모양을 내며 자를 때에는 핑킹 가
위를 사용하면 더욱 편리하다.

눈 스티커

동물이나 사람을 접을 때 눈스티커
를 사용하면 간단하게 표정 연출을
할 수 있다.

모루, 스티로폼공

스티로폼공은 인형의 얼굴을 표현할 때 주로 사용된다. 그 밖에 장식용품을 만들 때에도 사용하면 편리하다.
모루는 팔, 다리, 손잡이, 꽃줄기 등을 귀엽게 표현할 수 있다.

펜치, 송곳

철사를 자를 때에는 펜치가 필요하다.
송곳은 두꺼운 종이에 구멍을 뚫을 때 사용한다.

연필, 자

종이를 자를 때나 복잡한 접기를 할 때 미리 도면을 그려서 하면 실수 없이 작업을 할 수 있다.

테이프

양면 테이프, 발포 테이프, 꽃 테이프 등 종류가 다양하다. 특히 발포 테이프는 두껍기 때문에 입체감을 표현할 때 사용하면 편리하다.

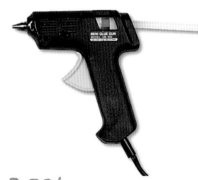

글루건

두꺼운 종이나 스티로폼, 목재 등을 붙일 때, 풀이나 본드로 잘 붙이기 어려운 곳을 붙일 때에는 글루건을 사용하면 편리하다.

크레파스

기본적인 재료이다.
혹은 색연필을 준비하여도 된다.

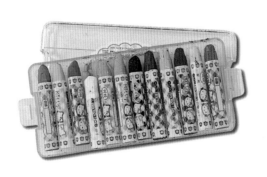

핀셋

좁은 부분을 접을 때나 손으로 붙이거나 접기가 불편한 부분은 핀셋을 사용하면 편리하다.

접기기호

● 다음 기호에 의하여 접는 방법이 표시되므로 기호와 약속을 기억하세요.

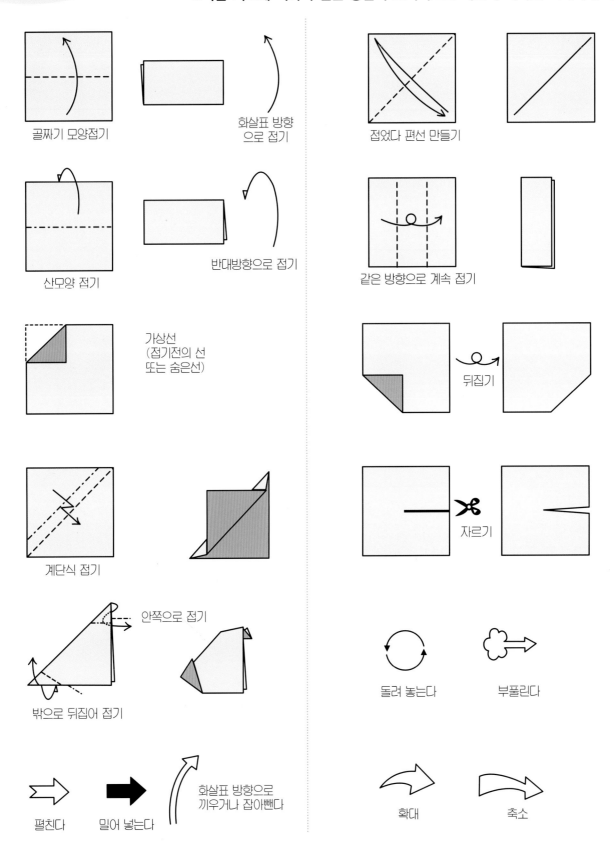

골짜기 모양접기

화살표 방향으로 접기

접었다 편선 만들기

산무양 접기

반대방향으로 접기

같은 방향으로 계속 접기

가상선
(접기전의 선
또는 숨은선)

뒤집기

계단식 접기

자르기

안쪽으로 접기

밖으로 뒤집어 접기

돌려 놓는다

부풀린다

펼친다

밀어 넣는다

화살표 방향으로
끼우거나 잡아뺀다

확대

축소

1 삼각접기

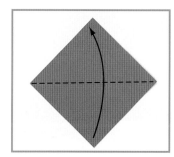

1 반을 접는다.

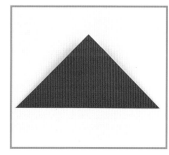

2 삼각접기 기본형 완성.

2 아이스크림 접기

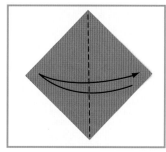

1 접었다 편선을 만든다.

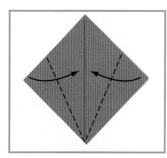

2 중심선에 맞추어 접는다.

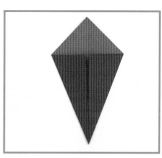

3 아이스크림접기 기본형 완성.

3 문접기

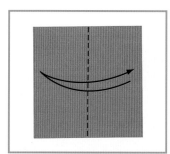

1 접었다 편 선을 만든다.

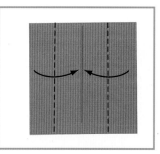

2 중심선에 맞추어 접는다.

3 문 접기 기본형 완성.

4 방석접기

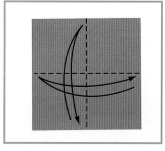

1 접었다 편 선을 만든다.

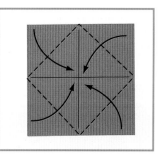

2 중심선에 맞추어 접는다.

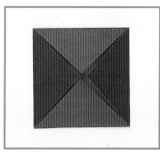

3 방석접기 기본형 완성.

기본접기

5 고기접기

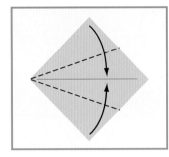

1 먼저 접었다 편선을 만든 후, 중심선에 맞추어 접는다.

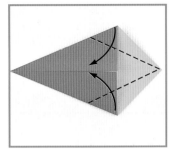

2 중심선에 맞추어 접는다.

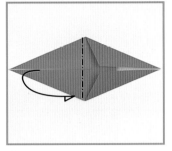

3 뒤로 반을 접는다.

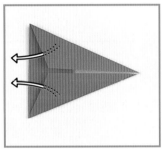

4 종이를 화살표 방향으로 빼내 접는다.

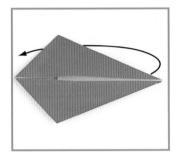

5 뒷쪽을 편다. (고기접기 기본형1)

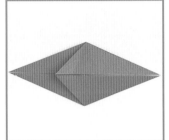

6 고기접기 기본형 완성. (고기접기 기본형2)

6 쌍배접기

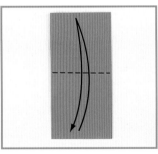

1 문접기 기본형에서 시작하고 반으로 접었다 편다.

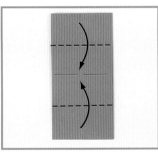

2 중심선에 맞추어 양쪽을 접는다.

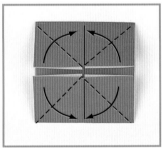

3 중심선에 맞추어 네 부분 모두 접는다.

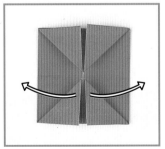

4 화살표 방향으로 잡아 당겨 접는다.

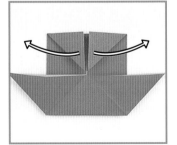

5 윗부분도 같은 방법으로 접는다.

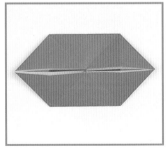

6 쌍배접기 기본형 완성.

7
삼각주머니
접기

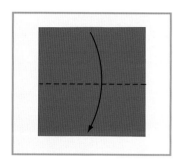

1 반을 접는다.

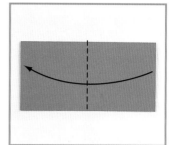

2 반을 접는다.

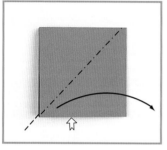

3 안쪽을 펼쳐 눌러 접는다.

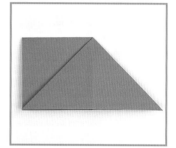

4 뒤집어서 반대쪽도 같은 방법으로 접는다.

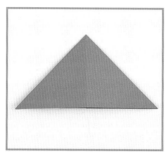

5 삼각주머니접기 기본형 완성.

8
사각주머니
접기

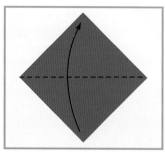

1 반을 접는다.

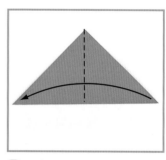

2 반을 접는다.

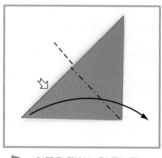

3 안쪽을 펼쳐 눌러 접는다.

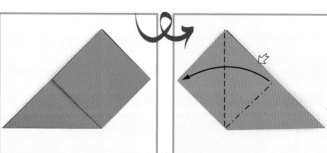

4 펼쳐 눌러 접은 모습.

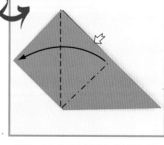

5 뒷부분도 펼쳐 눌러 접는다.

6 사각주머니접기 기본형 완성.

기본접기

9 학접기

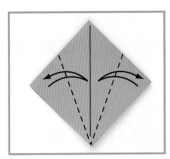

1 사각주머니접기 기본형에서 시작하고 접었다 편 선을 만든다.

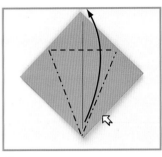

2 안쪽을 펼쳐 선대로 접어 올린다.

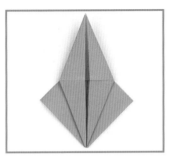

3 펼쳐 눌러 접기 한 모습.

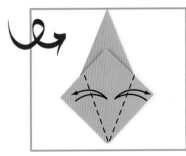

4 뒷부분도 접었다 편 선을 만든다.

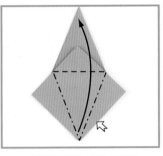

5 안쪽을 펼쳐 선대로 접어 올린다.

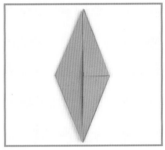

6 학접기 기본형 완성.

10 꽃접기

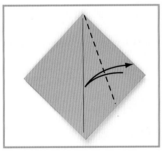

1 사각주머니접기 기본형에서 시작하고 접었다 편 선을 만든다.

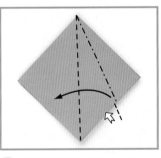

2 안쪽을 펼쳐 눌러 접는다.

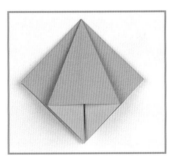

3 나머지 세부분도 ① ②와 같이 접는다.

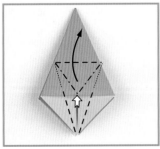

4 안쪽을 펼치면서 선대로 접어 올린다.

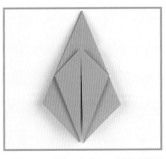

5 나머지 세부분도 같은 방법으로 접는다.

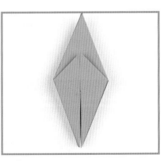

6 꽃접기 기본형 완성.

1 신기한 탈것과 예쁜 꽃들

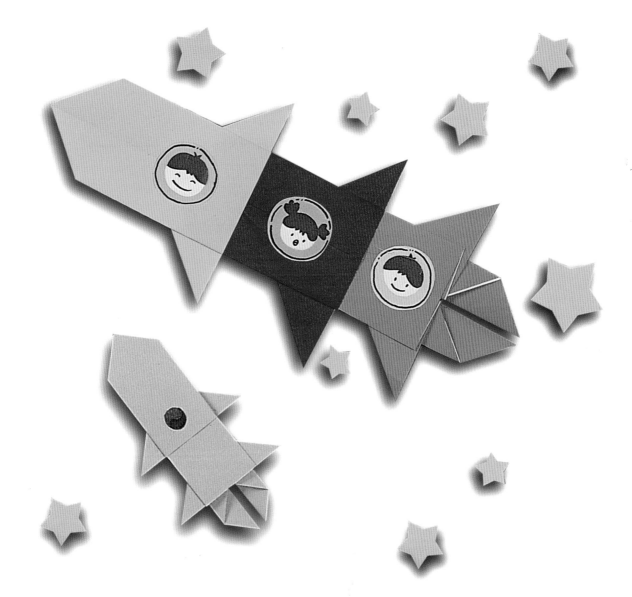

달 것 꿈의 세계로…

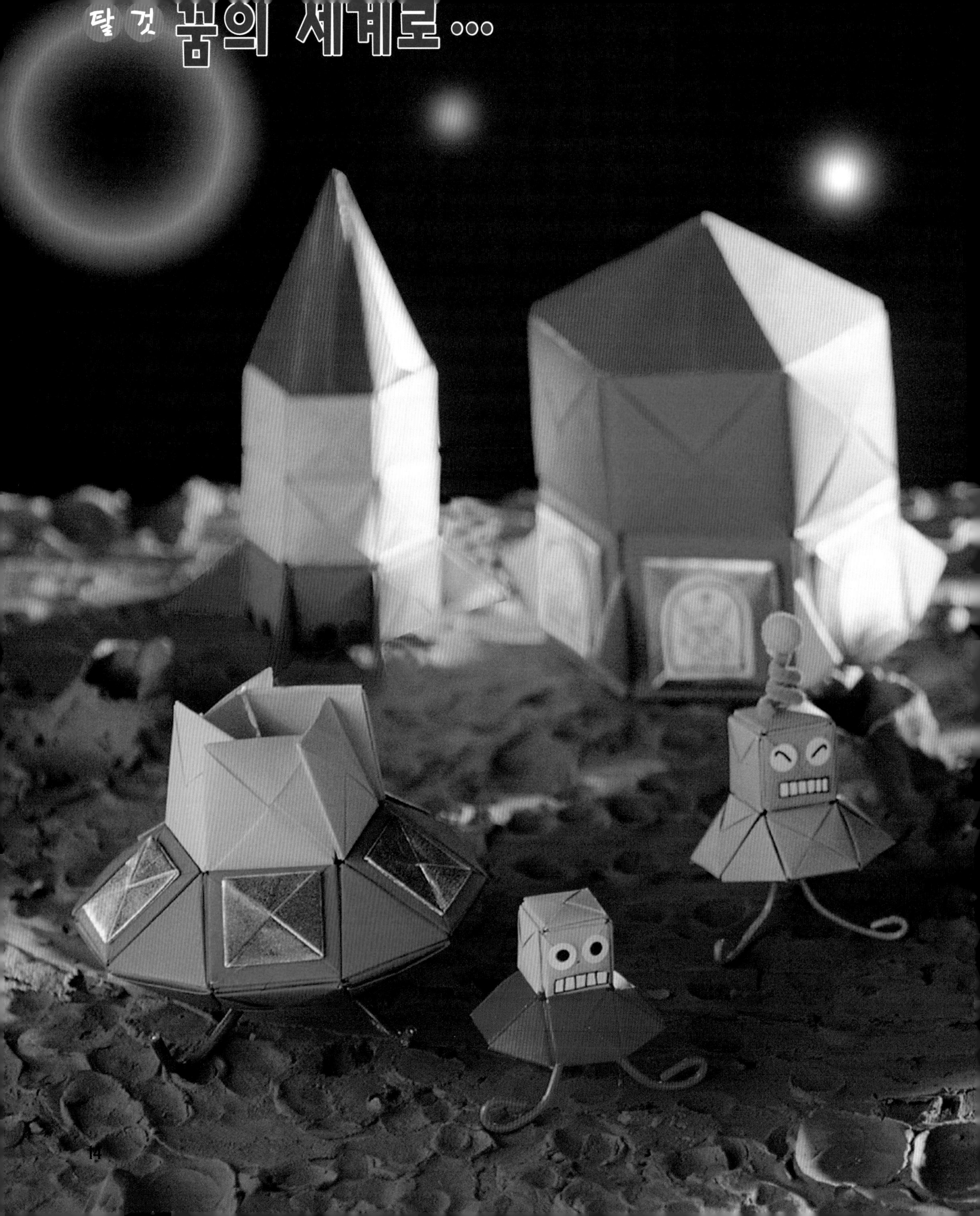

딱지

관련단원:
1-2 즐거운 생활
6.똑같아요.

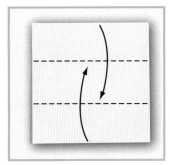

1 3등분 하여 접는다.

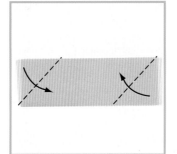

2 그림과 같이 끝선에 맞추어 접는다.

3 접은 모습.

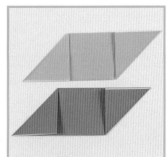

4 2개를 접는다.

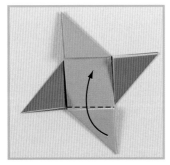

5 사진과 같이 놓고 접는다.

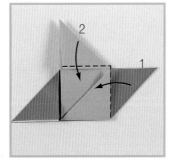

6 순서대로 접는다.

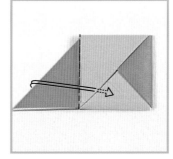

7 오른쪽으로 접어 끼운다.

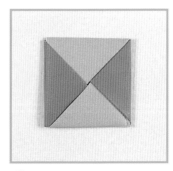

8 딱지 완성.

지혜지

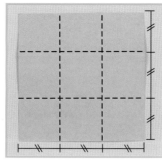

1 3등분 하여 접었다 편다.

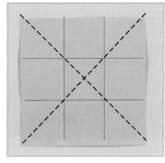

2 대각선으로 접었다 편다.

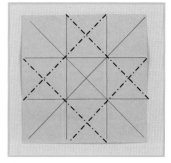

3 ①,②에서 만든 접기선을 기준으로 접었다 편 선을 만든다.

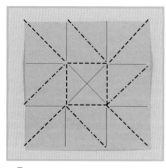

4 ①~③에서 만든 선을 기준으로 해서 접기선대로 접는다.

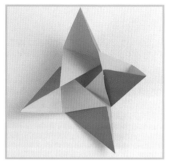

5 중간 그림.

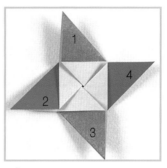

6 16쪽의 딱지접기처럼 순서대로 접는다.

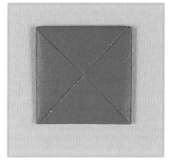

7 완성.

사각조립유니트 **정육면체**

1 지혜지의 1/4크기로 방석접기를 두 번 한다(조립유니트).

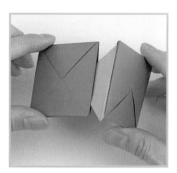

2 지혜지 사이에 풀칠하여 끼워 연결한다.

3 지혜지 6개. 방석접기 두 번한 것 12개를 사진처럼 조립한다.

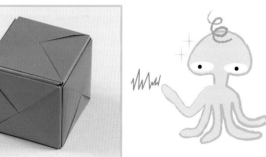

필요한 색종이 크기와 매수

정육면체 • 지혜지:15×15cm 6장
• 사각조립유니트: 7.5×7.5cm 12장

외 계 인 • 지혜지: 15×15cm 9개
• 사각조립유니트: 7.5×7.5cm 20장
• 18쪽 삼각조립유니트:10×10cm 4장

외계인

1 정육면체의 밑면만 붙이지 않은 상태를 하나 만든다. (머리 부분)

머리부분

사각조립
유니트

사각조립
유니트

지혜지

2 아랫부분이 될 부분을 조립한다.

3 중간 과정.

4 아랫부분 완성.

5 아래. 위를 조립한다.

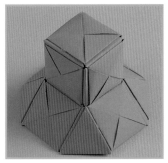

6 몸체 완성.

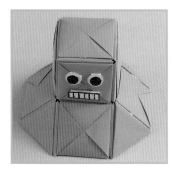

7 얼굴을 만든다.

8 철사로 다리를 3개 만든다.

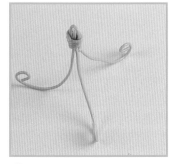

9 만들어 놓은 다리를 연결하여 세운다.

10 완성.

삼각조립유니트

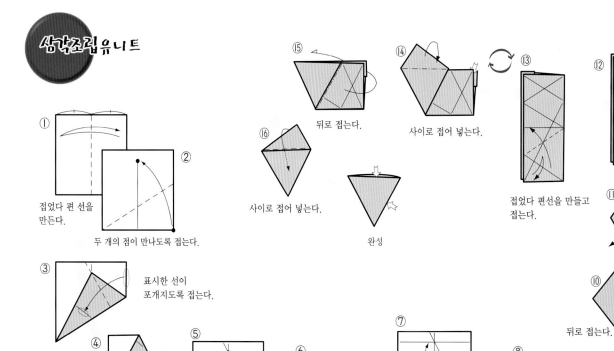

① 접었다 편 선을 만든다.

② 두 개의 점이 만나도록 접는다.

③ 표시한 선이 포개지도록 접는다.

④ 편다.

⑤ 두 개의 점이 만나도록 접는다.

⑥ 접었다 편 선을 만들고 다시 편다.

⑦

⑧ 사이로 접어 넣는다.

⑨ 두 개의 점이 만나도록 접는다.

⑩ 뒤로 접는다.

⑪ 다시 편다.

⑫ 접었다 편선을 만든다.

⑬ 접었다 편선을 만들고 접는다.

⑭ 사이로 접어 넣는다.

⑮ 뒤로 접는다.

⑯ 사이로 접어 넣는다.

완성

우주선

관련단원:
2-2 즐거운 생활
10.우주탐험

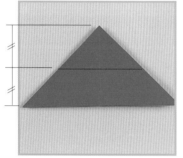

1 11쪽 삼각주머니접기에서 시작하고 1/2선을 표시한다.

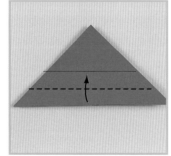

2 1/2선 까지 접어 올린다.

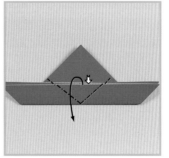

3 화살표 안쪽을 펼쳐 눌러 접는다.

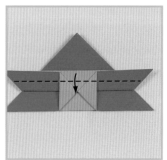

4 반을 접어 내린다.

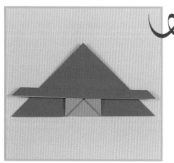

5 접은 모습.

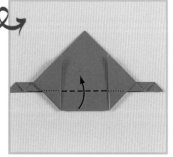

6 뒤집어서 모서리를 접은 후, 가운데도 접어 올린다.

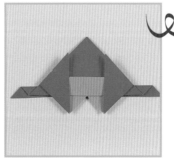

7 접은 모습.

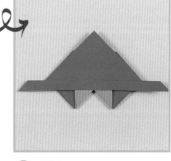

8 완성.

별1

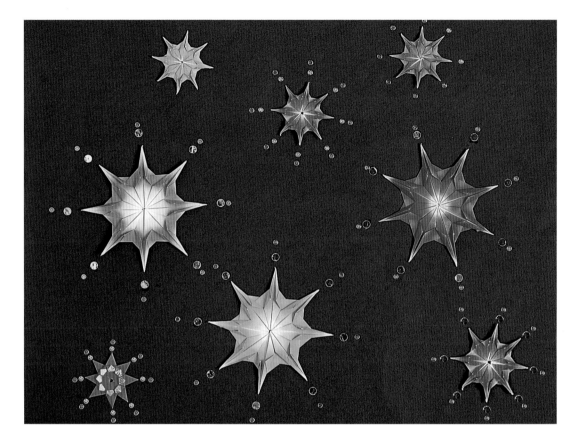

관련단원:
2-2 즐거운 생활
10.우주탐험

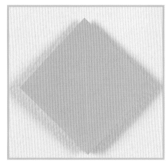

1 11쪽 사각주머니접기에서 시작한다.

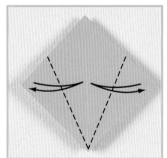

2 접었다 편다.

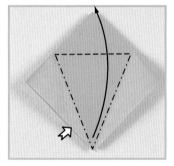

3 화살표 안쪽을 펼쳐 눌러 접는다.

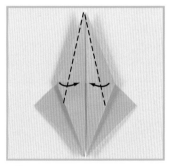

4 중심선에 맞추어 접는다.

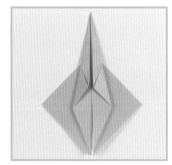

5 같은 모양을 8개 접는다.

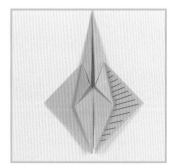

6 빗금친 부분에 풀칠한다.

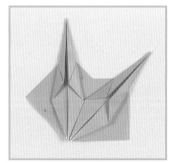

7 본드를 칠하여 2개를 붙인 모습. 나머지도 같은 방법으로 붙인다.

8 완성.

로켓

관련단원:
2-2 즐거운 생활
10.우주탐험

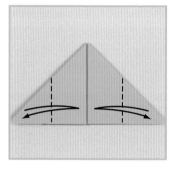

1 11쪽 삼각주머니접기에서 시작한다.

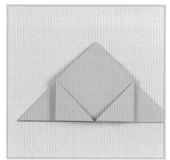

2 접었다 편다.

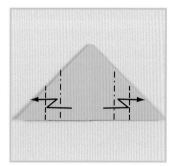

3 양쪽을 계단접기한다.

4 접은 모습.

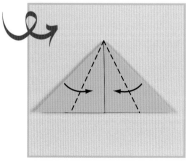

5 중심에 맞추어 접는다.

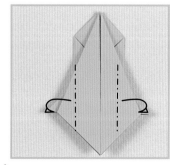

6 뒤로 접는다.

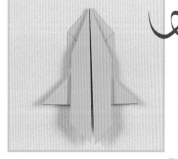

7 접은 모습.

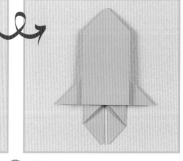

8 완성.

별2

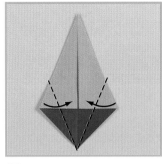

1 9쪽 아이스크림접기에서 시작하고 중심에 맞추어 접는다.

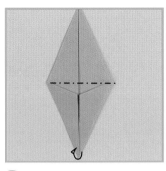

2 뒤로 반을 접는다.

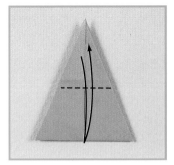

3 접었다 편다.

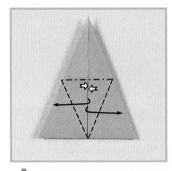

4 화살표 안쪽을 펼쳐 눌러 접는다.

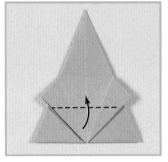

5 그림처럼 접는다.

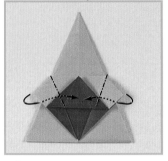

6 안쪽으로 접기한다.

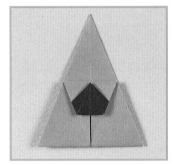

7 8장을 만든다.

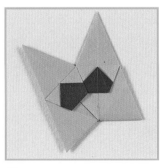

8 2장을 끼운 모습. 나머지도 같은 방법으로 연결한다.

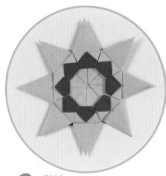

9 완성.

응용

이렇게 해보세요!

별을 접을 때는 꽃나래 색종이나
하모니 색종이를 사용해보세요.
더욱 화려한 작품이 완성됩니다.
그리고 크게 접어 끈을 달고 메달이나
훈장으로 사용해보세요.

종이접기 달력

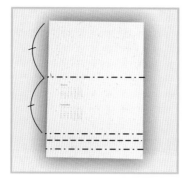

1 컴퓨터에서 작업한 달력을 A4 용지에 프린트 한다.

2 접기선을 따라 사진처럼 입체로 만든다.

3 계절에 맞는 작품을 붙여서 완성한다.

연필 작품 (75쪽)

컵받침 작품 (86쪽)

튤립 작품 (37쪽)

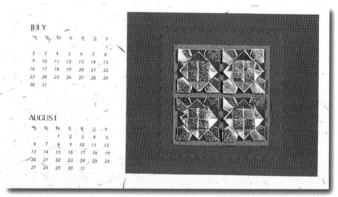

문양 응용 작품 (132쪽)

돛단배와 보트 작품 (28쪽)

문양 응용 작품 (132쪽)

탈 것

비행기

관련단원:1-1 즐거운 생활 6.날아라 하늘로

비행기 1

1 직사각형의 종이에 중심선을 만들고 가운데로 접는다.

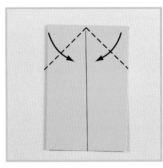

2 아래로 접어 내린다.

3 그림처럼 접는다.

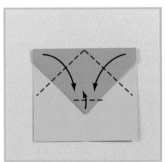

4 뒤로 반을 접는다.

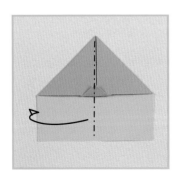

5 뒤로 반을 접는다.

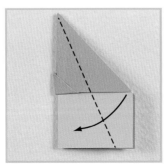

6 ⑥을 참고하여 앞면을 먼저 접으세요.

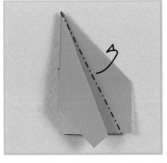

7 뒷쪽도 산접기선을 만드세요.

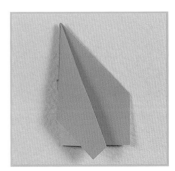

8 완성.

24

비행기

1 2:3 비율의 종이를 사용하고 중심선에 맞추어 뒤로 접는다.

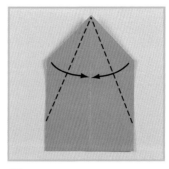

2 중심에 맞추어 접는다.

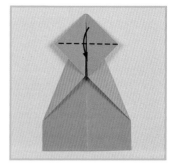

3 아래로 접어 내린다.

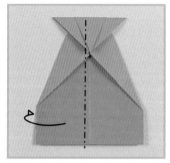

4 반을 접는다.

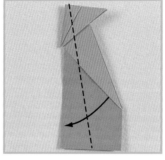

5 날개를 비스듬히 접는다.

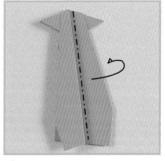

6 반대쪽 날개도 비스듬히 접는다.

7 끝을 조금만 접으면 완성.

1 2:3 비율로 자른 종이로 삼각주머니접기 한다.

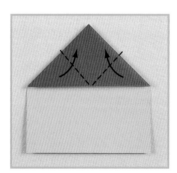

2 위로 접어 올린다.

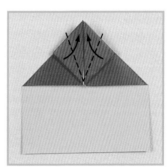

3 중심선에 맞추어 접는다.

4 중심부분을 자르고 안으로 끼워 넣는다.

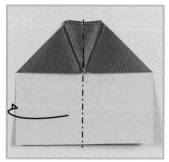

5 뒤로 반을 접는다.

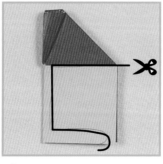

6 오리고 편다.

7 완성.

딸깍 종이배를 띄워 보자!

관련단원:1-1 즐거운 생활

9.야!신나는 여름방학이다.

지붕이 있는 배

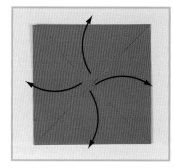

1 9쪽의 방석접기한 것을 다시 편다.

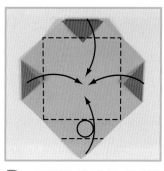

2 그림처럼 네 부분을 두 번씩 접는다.

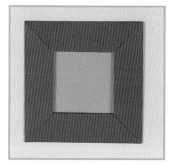

3 접은 모습.

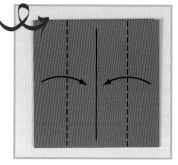

4 중심선에 맞추어 접는다.

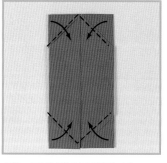

5 중심선에 맞추어 접는다.

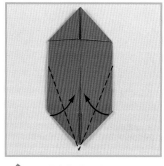

6 중심선에 맞추어 접는다.

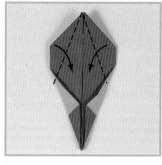

7 중심선에 맞추어 접는다.

8 중심선에 맞추어 접는다.

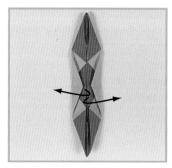

9 안쪽을 벌린다.

10 벌린 모습.

11 뒤집는다.

12 지붕을 다듬는다.

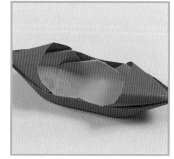

13 완성.

돛단배와 보트

관련단원:
1-1 즐거운 생활
9.야!신나는 여름방학이다.

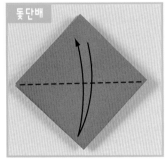

1 11쪽 사각주머니접기에서 시작한다.

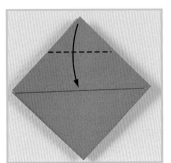

2 접었다 편다.

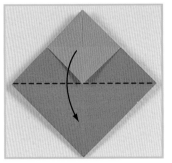

3 접어 내린다.

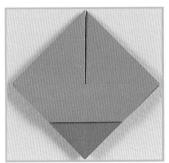

4 뒷면도 같은 방법으로 접는다.

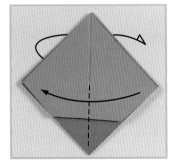

5 앞·뒤 한 장씩 접는다.

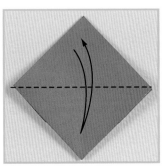

6 반을 접었다 편다.

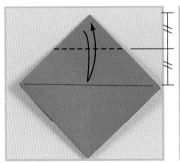

7 접었다 편다.

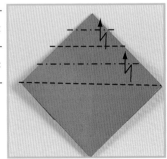

8 계단접기한다.

9 계단접기한 것을 위로 접는다.

10 계단접기한 것을 한 번 편모습.

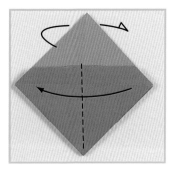

11 앞 · 뒤 모두 접는다.

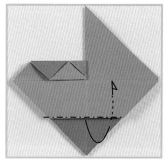

12 세모 부분을 안으로 접는다.

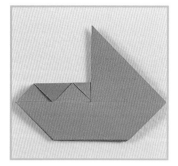

13 완성.

1 9쪽 문접기에서 시작하고 네 부분을 접는다.

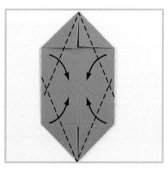

2 네 부분을 중심에 맞추어 접는다.

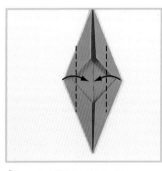

3 중심에 맞추어 접는다.

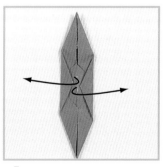

4 중심에 맞추어 접는다.

5 안쪽을 벌려 뒤집는다.

6 완성.

이렇게 해보세요!

종이배를 접어 평면 구성 작품도 만들고
물에 띄우며 친구들과 놀이도 해 보세요.
그리고 간단한 배접기 방법은 외워두면
종이접기 실력이 쑥쑥 커집니다.

 **배**

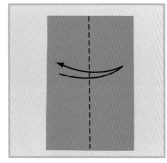

1 2:3 비율의 종이를 준비하고 접었다 편다.

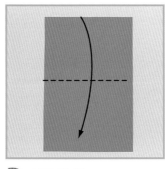

2 반을 접는다.

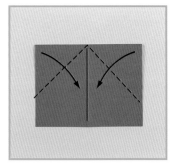

3 중심선에 맞추어 접는다.

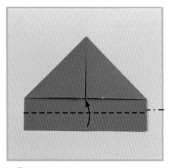

4 반을 접어 올리다.

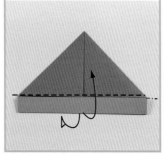

5 위로 접어 올린다.

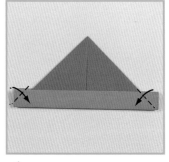

6 접어 내린다. 뒷부분도 똑같이 접는다.

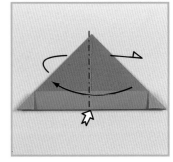

7 화살표 안쪽을 펼쳐 눌러 접는다.

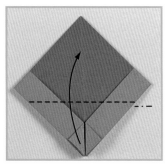

8 앞·뒤 모두 접는다.

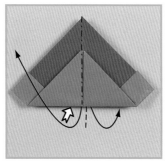
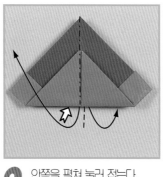

9 안쪽을 펼쳐 눌러 접는다.

응용 모자

10 양쪽으로 잡아 당긴다.

11 완성.

신문으로 크게 만든 배

107쪽 모자

보물선

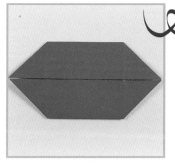

1 9쪽 방석접기를 한 번 한 후, 쌍배접기를 한다.

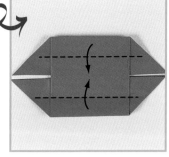

2 뒤집어서 중심선에 맞추어 접는다.

3 접은 모습.

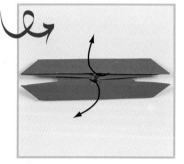

4 뒤집어서 안쪽을 벌린다.

5 벌려서 펼쳐 눌러 접는다.

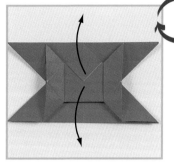

6 양쪽을 잡아 당겨 펼친다.

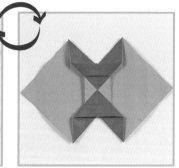

7 펼친 모습.

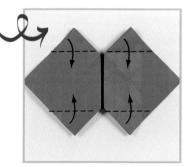

8 네 부분을 접는다.

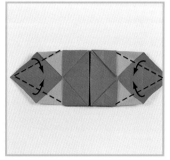

9 네 부분을 접는다.

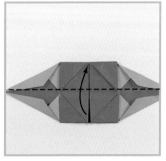

10 반을 접는다.

11 화살표 방향으로 잡아 당긴다.

12 잡아 당기는 모습.

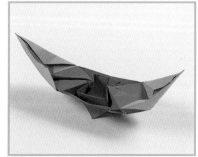

13 완성.

이렇게 해보세요!

초보자에게 보물선은 접기가 좀 어렵게 느껴 질수도 있는 작품입니다.
그래서 단순한 색종이 보다는 탄력이 있는 한지나 구김지 등으로 접는 것이 더 쉽게 접을 수 있습니다.

예쁜꽃
카네이션1

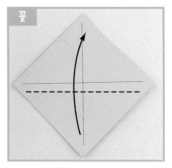

1 조금 남겨 놓고 접는다.

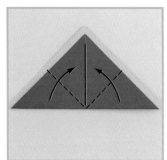

2 중심선에 맞추어 접는다.

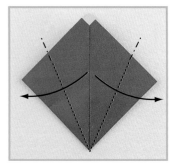

3 앞면은 접지 않고 펴면서 뒷면만 접는다.

4 3개를 접는다.

5 3개를 연결한 모습.

6 꽃을 접은 종이의 1/4크기인 녹색종이로 삼각접기한 후, 그림과 같이 접는다.

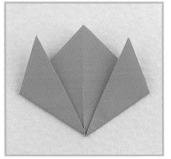

7 접은 모습.

8 모루로 줄기를 만들어 완성.

카네이션2

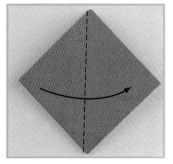

1 11쪽 사각주머니접기에서 시작하고 반을 접는다.

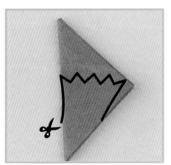

2 그림처럼 자른다.

3 접기선을 만든다.

4 3개를 만든다.

5 꽃철사로 묶는다.

6 꽃테이프를 감은 후. 꽃잎을 편다.

7 완성.

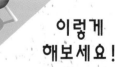

이렇게 해보세요!

한지로 예쁜 카네이션을 만들어 고마운 분께 선물하세요.

리본

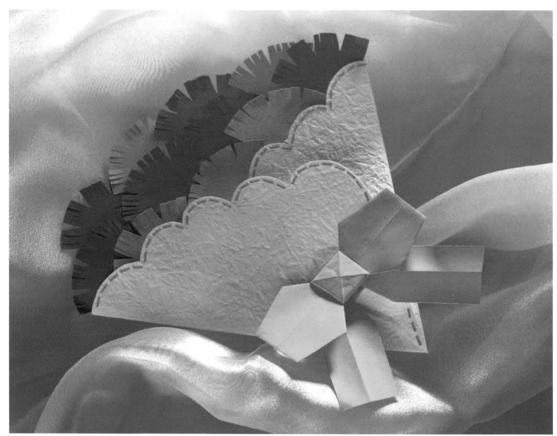

● 사용하는 두장의 종이 비율

아랫부분은 윗부분의 종이에
(가로 3/4 · 세로2/3)

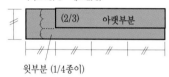

윗부분 (1/4종이)

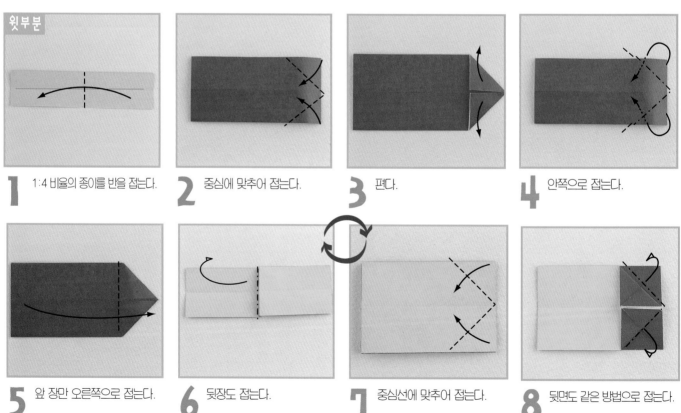

1 1:4 비율의 종이를 반을 접는다.

2 중심에 맞추어 접는다.

3 편다.

4 안쪽으로 접는다.

5 앞 장만 오른쪽으로 접는다.

6 뒷장도 접는다.

7 중심선에 맞추어 접는다.

8 뒷면도 같은 방법으로 접는다.

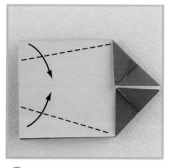

9 앞·뒤 모두 중심에 맞추어 그림처럼 접는다.

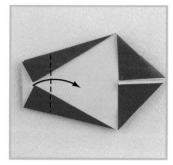

10 앞·뒤 모두 조금 접는다.

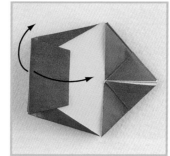

11 양쪽으로 편다.

12 중심 부분을 누르면서 편다.

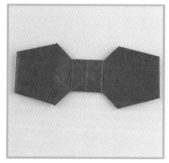

13 윗부분 완성.

아래부분

1 중심선에 맞추어 접는다.

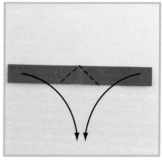

2 중심선에 맞추어 접는다.

3 접었다 편다.

4 접었다 편선을 이용해 펼쳐 눌러 접는다.

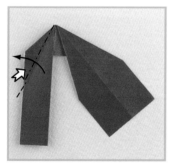

5 반대쪽도 펼쳐 눌러 접는다.

6 아래 부분 완성.

7 아래와 윗부분을 붙이면 리본 완성.

꽃다발

1 그림과 같이 종이를 오린다.

2 여러 색의 꽃을 오려 붙인다.

3 완성.

● 사용하는 종이의 비율

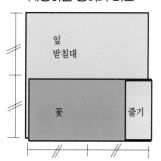

잎
받침대

꽃

줄기

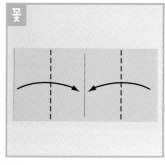

1 문접기한다.

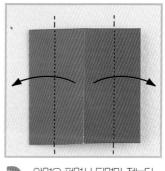

2 앞면은 펴면서 뒷면만 접는다.

3 접었다 편 선을 만든다.

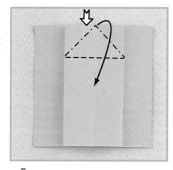

4 화살표 안쪽을 펼쳐 눌러 접는다.

5 양쪽을 비스듬히 접는다.

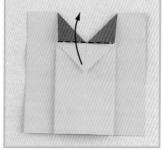

6 위로 올려 접는다.

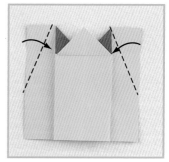

7 양쪽을 비스듬히 접는다.

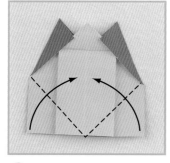

8 중심선에 맞추어 접는다.

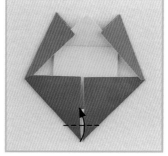

9 조금 접어 올린다.

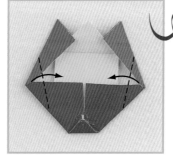

10 양쪽을 비스듬히 접는다.

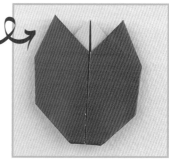

11 꽃 완성.

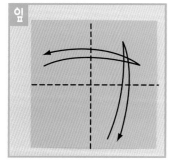

1 접었다 편 선을 만든다.

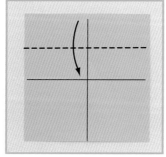

2 접었다 편선에 맞추어 접어 내린다.

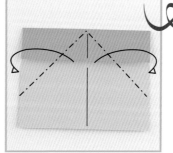

3 중심선에 맞추어 뒤로 접는다.

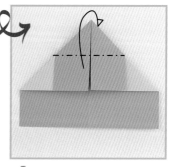

4 뒤로 접는다.

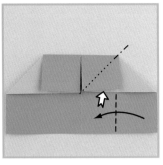

5 안쪽을 펼쳐 눌러 접는다.

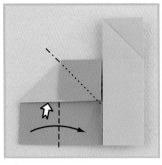

6 반대쪽도 같은 방법으로 접는다.

7 양쪽 모두 그림처럼 접는다.

8 위로 접어 올린다.

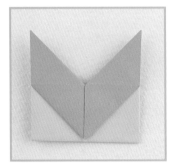

9 완성.

받침대

1 9쪽의 문접기에서 시작하고 접었다 편 선을 세 군데 만들어 준다.

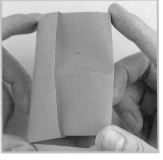

2 안쪽으로 끼워 넣는다.

3 삼각 받침대 완성.

4 받침대와 튤립을 붙인다.

5 완성.

줄기

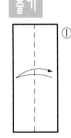
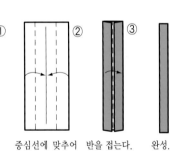

① 접었다 편 선을 만든다.　② 중심선에 맞추어 접는다.　③ 반을 접는다.　완성.

수국

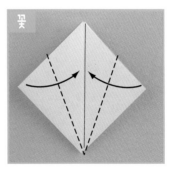

1 색이 있는 면이 안쪽으로 되도록 하여 11쪽의 사각주머니접기를 하고 중심선에 맞추어 접는다.

2 뒷부분도 중심선에 맞추어 접는다.

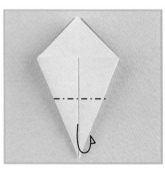

3 뒤로 반을 접는다.

4 펼쳐 눌러 접는다.

5 펼쳐 눌러 접은 모습.

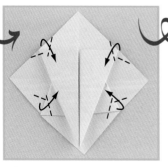

6 점선대로 펼쳐 눌러 접는다.

7 완성.

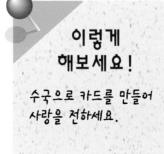

이렇게 해보세요!

수국으로 카드를 만들어 사랑을 전하세요.

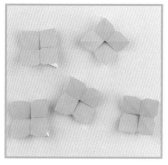

8 여러 개의 꽃 만든다.

9 좀 두꺼운 종이를 오려 원뿔을 만든다.

10 그 위에 꽃을 붙여 나간다.

11 원뿔 형태의 종이가 보이지 않도록 꽃을 많이 붙인다.

12 꽃철사에 띠골판지를 감아 꽃송이 아래 붙인다.

13 완성.

잎(평면)

1 9쪽 삼각접기에서 시작하고 촘촘히 계단접기 한다.

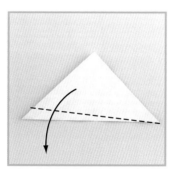

2 비스듬히 접는다.

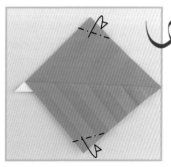

3 비스듬히 뒤로 접는다.

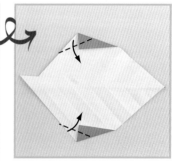

4 비스듬히 접는다.

5 접은 모습.

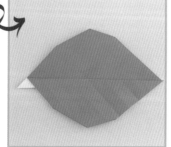

6 완성. (평면)

잎(입체)

1 꽃철사를 사이에 넣고 꽃테이프로 감는다.

2 완성. (입체)

41

은방울꽃

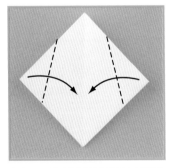

1 11쪽 사각주머니에서 시작하여 중심에 맞추어 접는다.

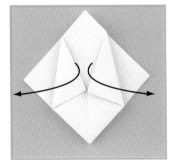

2 다시 편다.

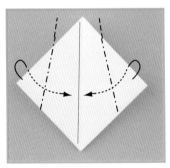

3 안쪽으로 접는다.

4 접은 모습.

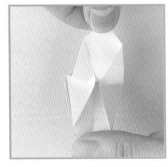

5 안쪽으로 접기한 네 부분에 본드를 칠해 붙인다.

6 꽃철사를 연결한 후, 손가락을 넣어 입체로 만든다.

7 꽃 완성.

42

서있는 튤립

● 사용하는 종이의 비율

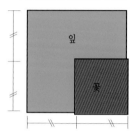

잎

꽃

응용

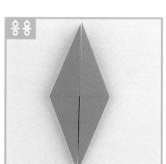

1 12쪽 학접기에서 시작한다.

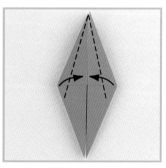

2 중심선에 맞추어 접는다.

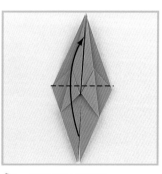

3 반을 접어 올린다.

4 반을 접는다.

5 양쪽으로 약간 잡아 당긴다.

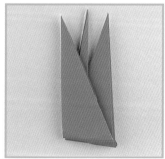

6 잎이 자연스럽게 휘게한다.

7 꽃아래를 조금 자르고 잎에 끼워 고정시킨다.

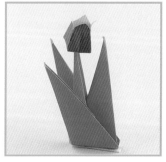

8 완성.

요술꽃(국화)

(요술꽃)

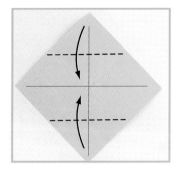

1 접었다 편 선을 만들고 그림과 같이 접는다.

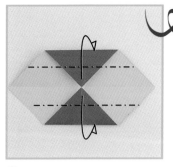

2 뒤로 접는다.

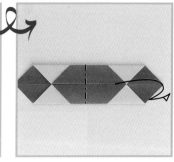

3 뒤로 접었다 편 선을 만든다.

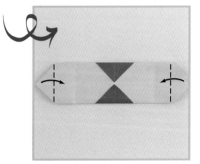

4 양쪽을 접는다.

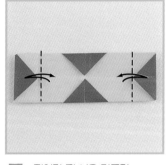

5 접었다 편 선을 만든다.

6 빗금친 부분에 본드를 칠하여 그림과 같이 붙인다.

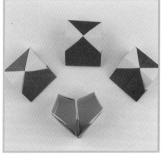

7 같은 모양을 여러 개 만들어 연결 해 나간다.

8 여러 개를 붙인 모습.

9 꽃 완성(여러 장일수록 예쁜 꽃이 완성된다).

10 80쪽의 막대기를 접어 붙인 다.

11 요술꽃 완성.

12 앞·뒤가 같은 색의 종이로 만 들면 국화 꽃을 만들 수 있다.

13 국화 완성(잎은 ④까지 접어 서 사용).

화분

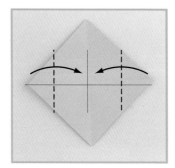

1 중심선에 맞추어 접는다.

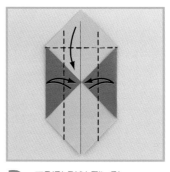

2 그림과 같이 접는다.

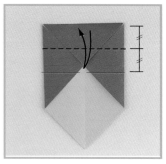

3 중심선을 기준으로 1/2선을 접었다 편다.

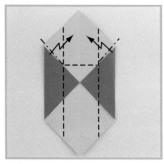

4 ①~③에서 만든 접기선을 기준으로 입체로 만든다.

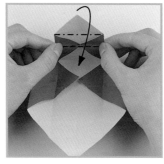

5 안으로 접어 넣는다.

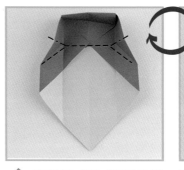

6 접기선과 ⑦을 참고하여 접는다.

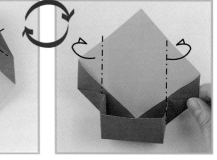

7 뒤로 접는다.

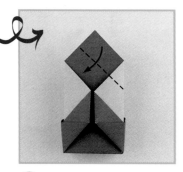

8 그림처럼 비스듬히 접는다.

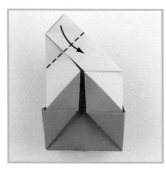

9 반대쪽도 접는다.

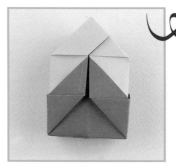

10 본드로 고정시킨다.

11 완성.

12 벽에 걸거나 장식한다.

2 동물 친구들과 도깨비

동물친구들

토끼·너구리

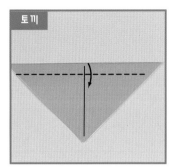

토끼

1 9쪽 삼각접기에서 시작하고 조금만 접어 내린다.

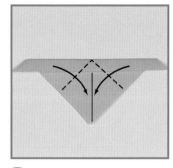

2 중심선에 맞추어 접는다.

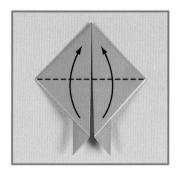

3 반을 접어 올린다.

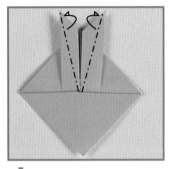

4 뒤로 접는다.

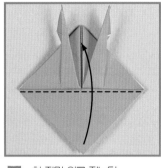

5 한 장만 위로 접는다.

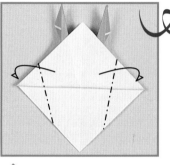

6 양쪽을 비스듬히 뒤로 접는다.

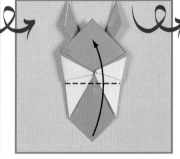

7 위로 접은 후, 본드로 고정시킨다.

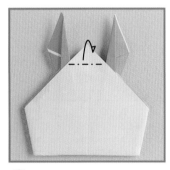

8 뒤로 접은 후, 본드로 고정시킨다.

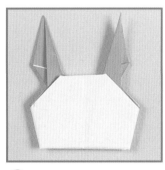

9 얼굴을 그리면 완성.

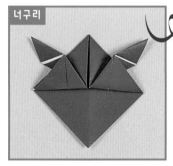

너구리

1 토끼④에서 귀를 뒤로 많이 접는다.

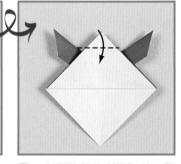

2 사진과 같이 앞장을 위로 접어 올리고 다시 윗부분을 접어내린다.

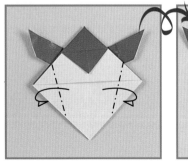

3 뒤로 접는다.

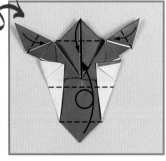

4 아랫부분을 두 번 연달아 접고 윗부분도 접는다.

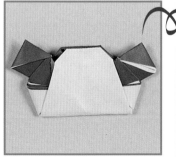

5 접은 모습. (본드로 고정시킨다)

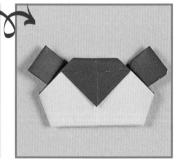

6 완성.

돼지 · 판다
고양이 · 개

돼지

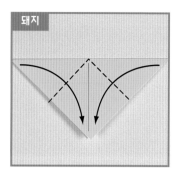

1 9쪽 삼각접기에서 시작하고 중심선에 맞추어 접는다.

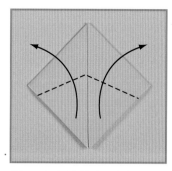

2 비스듬히 접어 올린다.

3 윗부분을 접어 내린다.

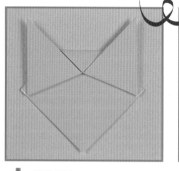

4 접은 모습.

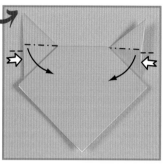

5 귀 안쪽을 펼쳐 눌러 접는다.

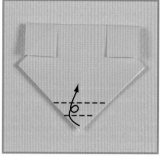

6 두 번 연달아 접는다.

7 뒤로 접는다.

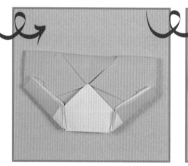

8 그림처럼 양쪽을 비스듬히 접은 후, 본드로 고정시킨다.

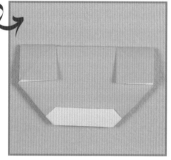

9 완성.

판다 돼지 ⑤에서 시작한다.

1 귀를 접고 나머지는 돼지 ⑦, ⑧과 같은 방법으로 접는다.

2 얼굴을 그리면 완성.

고양이 돼지 ①~④까지 접고 시작한다.

1 앞면은 그림처럼 접고 나머지는 돼지 ⑦, ⑧과 같은 방법으로 접는다.

2 얼굴을 그리면 완성.

개 돼지 ①~⑤까지 접고 시작한다.

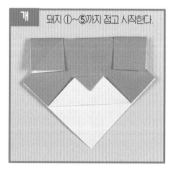

1 앞면은 그림처럼 접고 나머지는 돼지 ⑦, ⑧과 같은 방법으로 접는다.

2 얼굴을 그리면 완성.

관련단원:
2-1 즐거운 생활
7.우리들 세상

물새

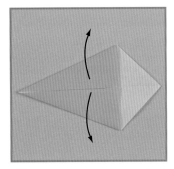

1 9쪽 아이스크림접기에서 시
작하고 다시 편다.

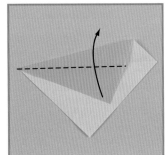

2 그림과 같이 접는다.

3 그림과 같이 접는다.

4 반대쪽도 ①~③과 같은 방
법으로 접는다.

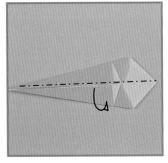

5 반을 뒤로 접는다.

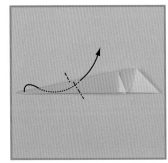

6 안쪽으로 접는다.

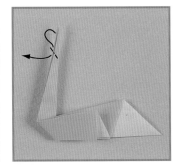

7 안쪽으로 접는다.

8 눈을 붙이면 완성.

앵무새

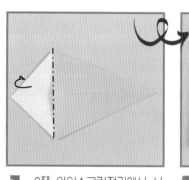

1 9쪽 아이스크림접기에서 시
작하고 뒤로 접는다.

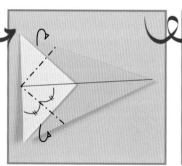

2 중심선에 맞추어 뒤로 접는다.

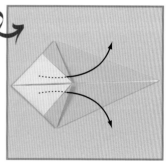

3 안에 접힌 부분을 잡아 당겨
접는다.

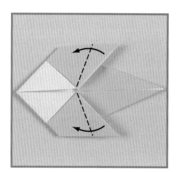

4 그림과 같이 접는다.

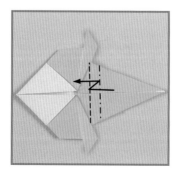

5 계단접기 한다.

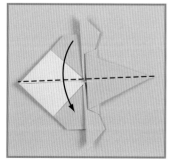

6 반을 접어 내린다.

7 부리를 접고 꼬리를 위로 잡
아 당긴다.

8 완성.

동물친구들 신기한 바닷속

바다친구들 1

1 12쪽 학접기에서 뒷쪽은 접어 내리고 앞면은 접었다 편다.

2 양쪽으로 누르듯이 안쪽을 펴서 접는다.

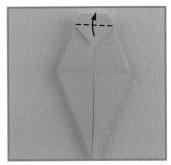

3 위로 접는다.

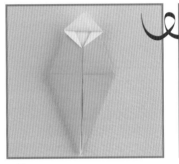

4 접은 모습.

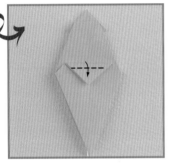

5 세모 부분을 아래로 접어 내리고 또 한 번 접어 내린다.

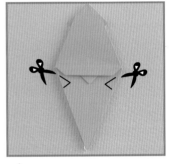

6 표시만큼 자른다.

7 가위집을 낸다.

8 가위로 자른 모습.

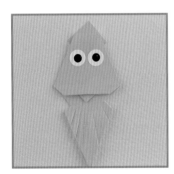

9 눈을 붙이면 완성.

문어

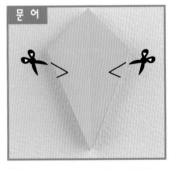

1 12쪽 학접기에서 시작하고 아래로 접어 내린 후, 그림과 같이 자른다.

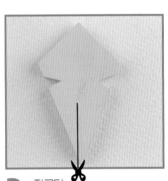

2 자른다.

3 그림과 같이 한 장씩 밖으로 접는다.

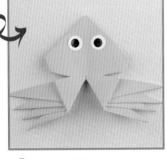

4 눈을 붙이면 완성.

58

바다친구들 2

1 9쪽 아이스크림접기에서 시작하고 중심에 맞추어 접는다.

2 중심선에 맞추어 접는다.

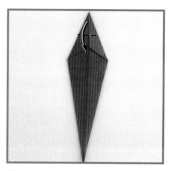

3 조금만 접어 내린다.

4 위로 접어 올린다.

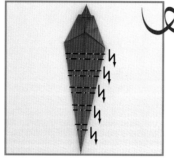

5 계단접기한다.

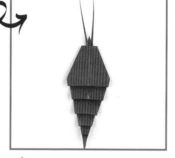

6 종이를 가늘게 잘라 수염을 단다.

7 눈을 붙이면 완성.

열대어 1

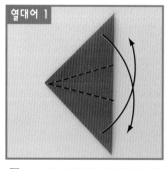

1 11쪽 삼각주머니접기에서 시작하고 세 등분하여 포게 접는다.

2 포게어 접은 모습.

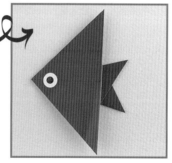

3 눈을 붙이면 완성.

열대어 2

열대어 1완성에서 시작한다.

1 비스듬히 접는다.

2 다시 편다.

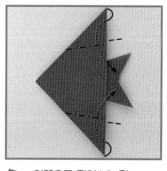

3 안쪽으로 접어 넣는다.

4 눈을 붙이면 완성.

59

도깨비나라

관련단원 : **4.미술** 3.상상의 세계

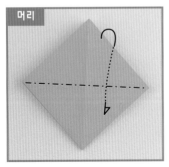

머리

1 11쪽 사각주머니접기에서 시작하고 앞장만 뒤로 접는다.

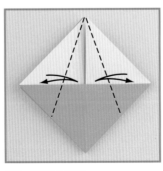

2 접었다 편다.

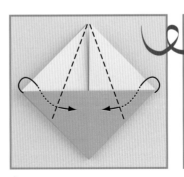

3 안쪽으로 접는다.

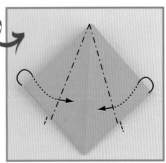

4 안쪽으로 접는다.

60

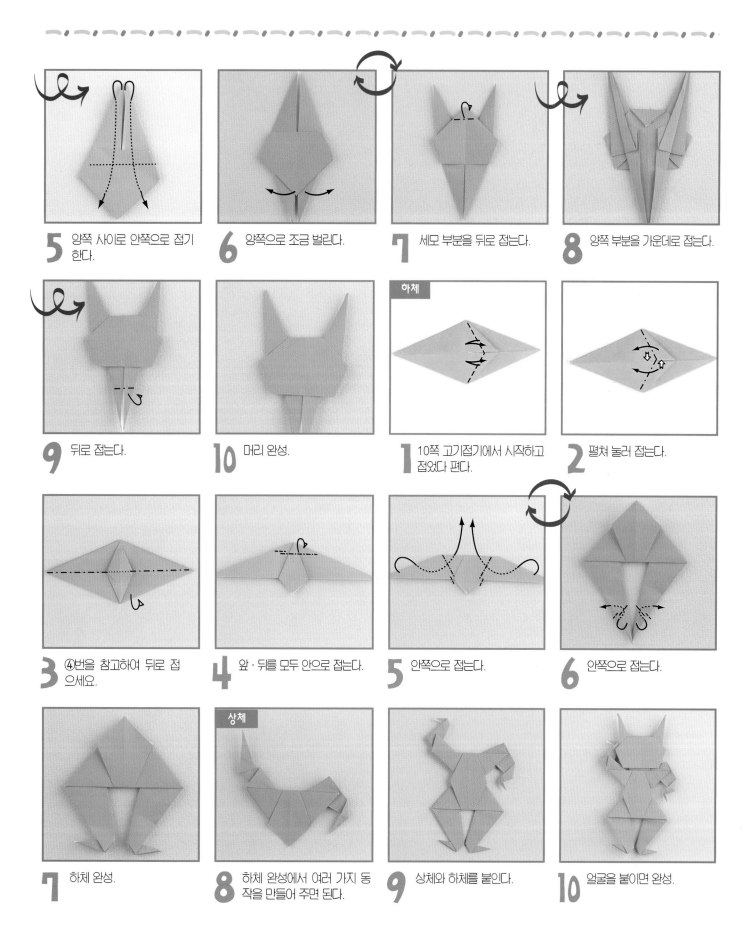

5 양쪽 사이로 안쪽으로 접기 한다.

6 양쪽으로 조금 벌린다.

7 세모 부분을 뒤로 접는다.

8 양쪽 부분을 가운데로 접는다.

9 뒤로 접는다.

10 머리 완성.

하체

1 10쪽 고기접기에서 시작하고 접었다 편다.

2 펼쳐 눌러 접는다.

3 ④번을 참고하여 뒤로 접으세요.

4 앞·뒤를 모두 안으로 접는다.

5 안쪽으로 접는다.

6 안쪽으로 접는다.

7 하체 완성.

상체

8 하체 완성에서 여러 가지 동작을 만들어 주면 된다.

9 상체와 하체를 붙인다.

10 얼굴을 붙이면 완성.

매미

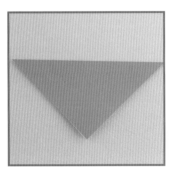

1 9쪽 삼각접기에서 시작한다.

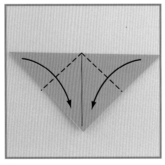

2 중심선에 맞추어 접는다.

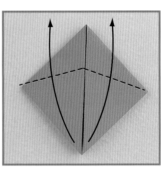

3 비스듬히 접어 올린다.

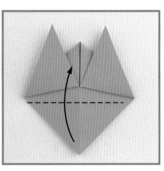

4 윗장만 접어 올린다.

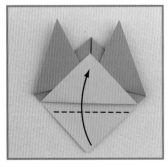

5 접기선대로 접어 올린다.

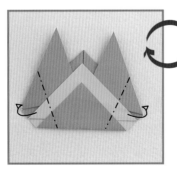

6 뒤로 접는다.

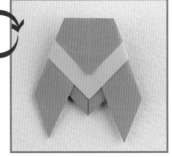

7 접은 모습.

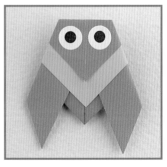

8 눈을 붙이면 완성.

3

아름답고 실용적인
장식품과 생활용품

모빌

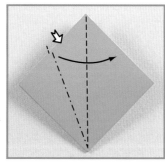

1 11쪽 사각주머니접기에서 시작하고 안쪽을 펼쳐 눌러 접는다.

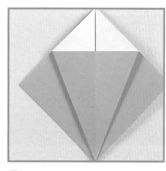

2 나머지 세부분도 같은 방법으로 접는다.

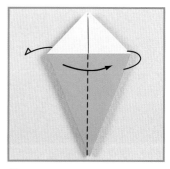

3 앞·뒤 모두 접는다.

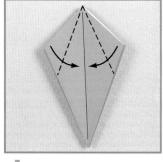

4 네 부분 모두 중심선에 맞추어 접는다.

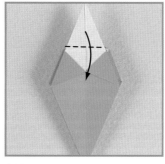

5 아래로 접는다.

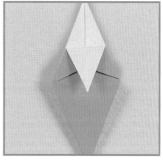

6 나머지도 세 부분도 ⑤와 같이 접는다.

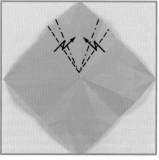

7 접은 것을 전부 펴고 그림과 같이 접는다.

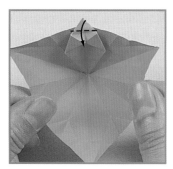

8 ⑦을 접은 후, 사진과 같이 아이스크림접기하여 접어내린다.

9 접은 모습.

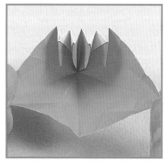

10 두 부분을 접은 모습. 나머지도 ⑦~⑨와 같이 접는다.

11 완성(40개를 만든다).

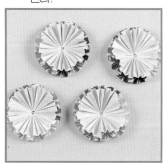

12 10개씩 실로 꿰어 4개를 만든다.

13 리리앙실을 이용하여 네 개의 묶음을 하나로 묶어준다.

14 리리앙실을 단단하게 묶고, 둥근 모양이 예쁘게 되도록 잘 매만진다.

15 완성.

장식품 도령과 아씨

도령 만들기에 필요한 종이

- 15×15cm 1장
- 7.5×7.5cm 4장
- 5×5cm 4장
- 두루마기용 1장
- 신발 7.5×7.5cm 1장

아씨 만들기에 필요한 종이

- 15×15cm 1장
- 7.5×7.5cm 2장
- 5×5cm 2장
- 두루마기용 1장

도령

7.5×7.5cm
5×5cm
15×15cm
7.5×7.5cm
5×5cm

1 65쪽 ⑪번 모양을 크기에 맞는 종이로 접어 사진처럼 붙인다.

2 접은 신발을 안쪽에 끼워 넣어 붙인다.(두루마기는 147쪽 도면 참고)

3 머리를 만든다(기성품을 사용해도 된다).

4 도령 완성.

아씨

7.5×7.5cm
5×5cm
15×15cm

1 65쪽 ⑪번 모양을 크기에 맞는 종이로 접어 사진처럼 붙인다.

2 두루마기를 오려 장식한다.(147쪽 도면 참고)

3 아씨 완성.

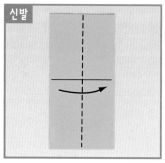

신발

1 색종이를 1/2로 잘라서 접었다 편 선을 만들고 반을 접는다.

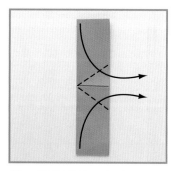

2 중심선에 맞추어 접는다.

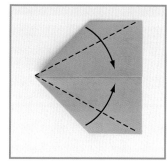

3 중심선에 맞추어 접는다.

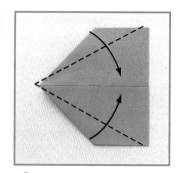

4 반을 접는다.

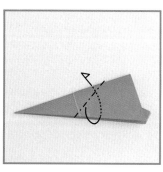

5 뒤로 접는다.

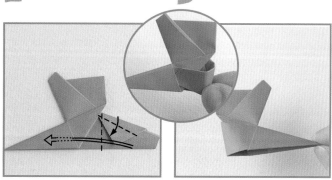

6 윗부분을 먼저 접고 틈새로 끼운다.

7 앞부분을 위로 조금 올려준다.

8 같은 모양을 하나 더 접으면 완성.

층층이상자

얕은 상자

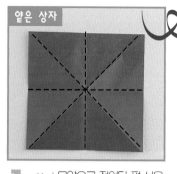

1 ×, +모양으로 접었다 편 선을 만드세요.

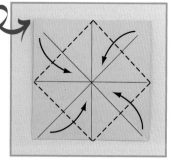

2 방석접기한다.

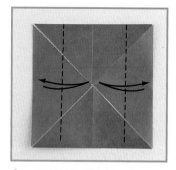

3 중심선에 맞추어 접었다 편 후, 양쪽으로 펼친다.

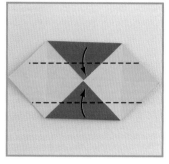

4 중심에 맞추어 접는다.

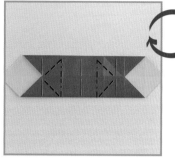

5 점선대로 접어 입체로 만든다.

6 그림과 같이 접고 안으로 접어 넣는다.

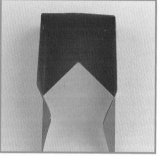

7 반대쪽도 같은 방법으로 접어 넣는다.

8 완성.

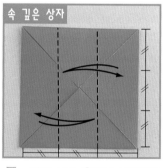

속 깊은 상자

1 얕은 상자 ③에서 시작하고 세 등분하여 접었다 편다.

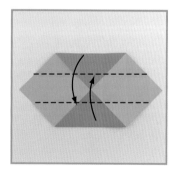

2 겹쳐지게 접는다.

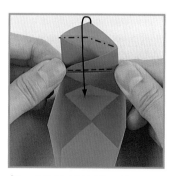

3 그림과 같이 접고 안으로 접어 넣어 입체로 만든다.

4 반대쪽도 같은 방법으로 접는다.

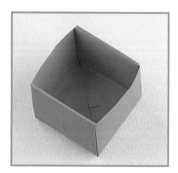

5 완성.

네모바구니

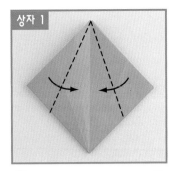

1 11쪽 사각주머니접기에서 시작하고 중심선에 맞추어 접는다.

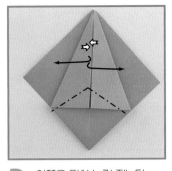

2 안쪽을 펼쳐 눌러 접는다.

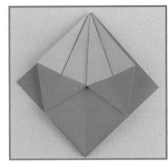

3 뒷면도 같은 방법으로 접는다.

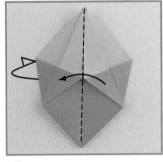

4 앞·뒤 모두 접는다.

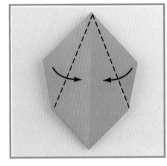

5 앞·뒤 모두 중심선에 맞추어 접는다.

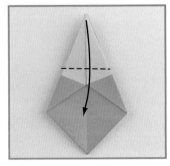

6 아래로 접는다.

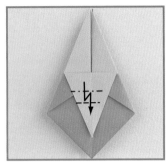

7 계단접기하여 안으로 접어 넣는다.

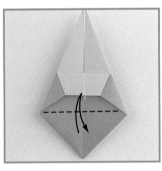

8 뒷면도 같은 방법으로 접고 그림과 같이 접었다 편다.

9 안쪽을 벌린다.

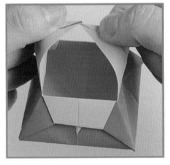

10 본드를 붙여 연결한다.

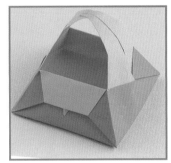

11 바구니 완성.

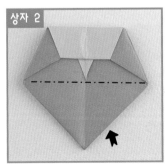

1 ⑦에서 네 부분을 같은 방법으로 접고 안쪽을 편다.

2 완성.

친구들아
네바구니 어때?

항아리

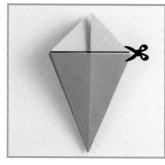

1 65쪽 ③에서 시작하고 윗부분을 자른다.

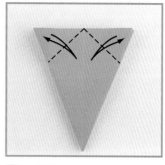

2 접었다 편다.

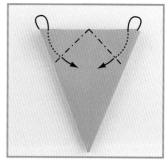

3 안쪽으로 접는다.

4 나머지 부분도 ②~③과 같은 방법으로 접는다.

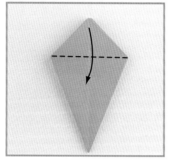

5 앞·뒤·옆 네 군데만 아래로 접는다.

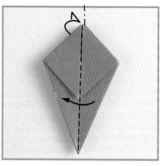

6 앞·뒤 모두 접는다.

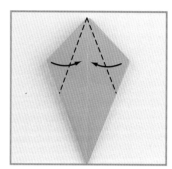

7 중심에 맞추어 접는다.

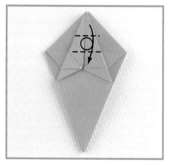

8 그림처럼 두 번 접어 안으로 끼운다.

9 접었다 편 선을 만든다.

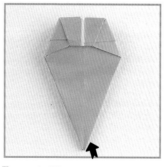

10 아래를 평평하게 펴면서 윗쪽을 펼쳐 눌러 접는다.

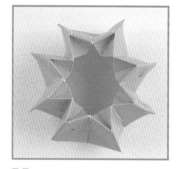

11 완성.

이렇게 해보세요!

쓰다 남은 벽지나 포장지, 광고전단지 등으로 크게 접어 보세요.

동물 상자

중간 부분

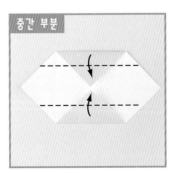

1 9쪽 방석접기 한 후, 두 부분을 펴고 가운데로 접는다.

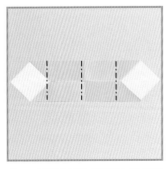

2 산접기선을 만들어 입체로 만든다.

3 2개를 접는다.

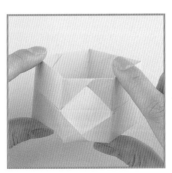

4 그림처럼 서로 끼운다.

5 끼운 모습.

위 · 아래 부분

1 9쪽의 문접기를 펴고 네 부분을 접는다.

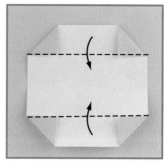

2 중심선에 맞추어 접는다.

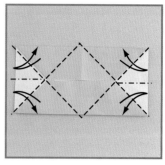

3 그림처럼 접기선을 만든다.

4 입체로 만든다.

5 접어 사이에 끼운다.

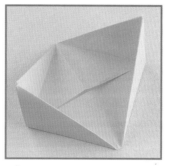

6 접은 모습(2개를 접는다).

7 ⑥부분을 ⑤에서 완성한 모양 틈새에 끼운다.

8 윗부분은 한쪽은 끼우지 않는다.

9 여러 가지 장식을 하여 재미있는 동물 얼굴을 만든다.

꼬리

1 가늘고 긴 종이를 직각이 되게 붙이고 접는다.

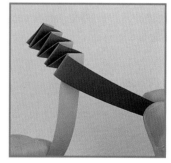

2 엮듯이 계속 접는다.

3 꼬리 완성.

4 상자에 붙인다.

이렇게 해보세요!

무늬가 있는 색종이를 사용하여 접으면 쉽게 동물의 특징을 나타낼 수가 있으며, 두꺼운 켄트지를 사용하여 크게 접으면 훌륭한 선물상자가 됩니다.

생활용품
연필모양 응용

연필

1 색종이를 1:2로 자르고 뒤로 조금 접는다.

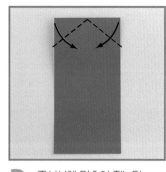

2 중심선에 맞추어 접는다.

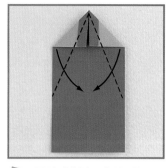

3 중심선에 맞추어 접는다.

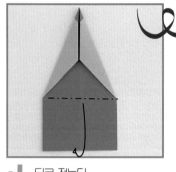

4 뒤로 접는다.

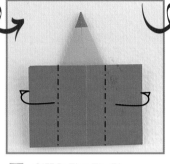

5 양쪽을 뒤로 접는다.

6 뒤로 접은 모습. (본드로 고정시킨다.)

7 완성.

1 2:3 비율의 종이로 연필1의 ②까지 접는다.

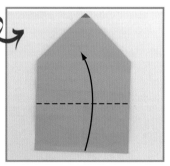

2 위로 접는다.

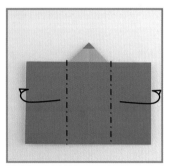

3 양쪽을 뒤로 접는다.

4 완성.

1 정사각형 종이를 조금만 접고 뒤로 접는다.

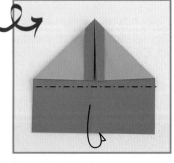

2 뒤로 접는다.

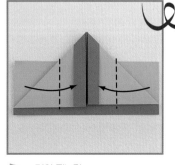

3 겹쳐 접는다.

4 완성.

연필꽂이와 액자

육각 연필꽂이

윗부분

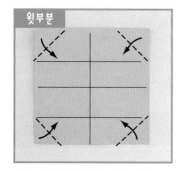

1 접기선에 맞추어 접는다.

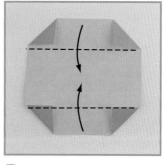

2 중심에 맞추어 접는다.

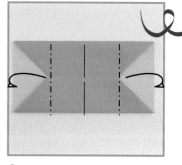

3 문접기한다.

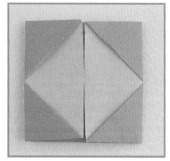

4 접은 모습.

5 서로 끼운다.

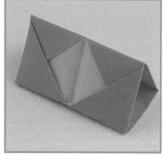

6 6개를 만들어 ⑦의 모양대로 본드로 붙인다. (액자 완성)

7 윗부분 완성.

육각형 바닥

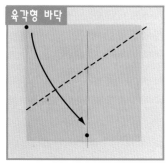

1 중심선에 맞추어 접는다.

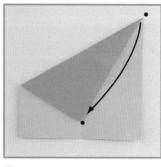

2 점에 맞추어 접는다.

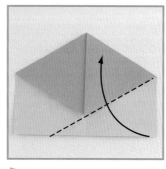

3 접은 선에 맞추어 접는다.

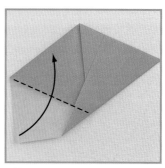

4 접은 선에 맞추어 접는다.

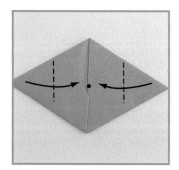

5 중심점에 맞추어 접는다.

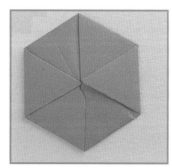

6 육각형 완성.

7 본드를 칠하고 바닥에 붙인다.

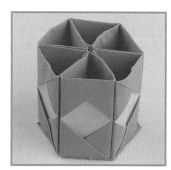

8 완성.

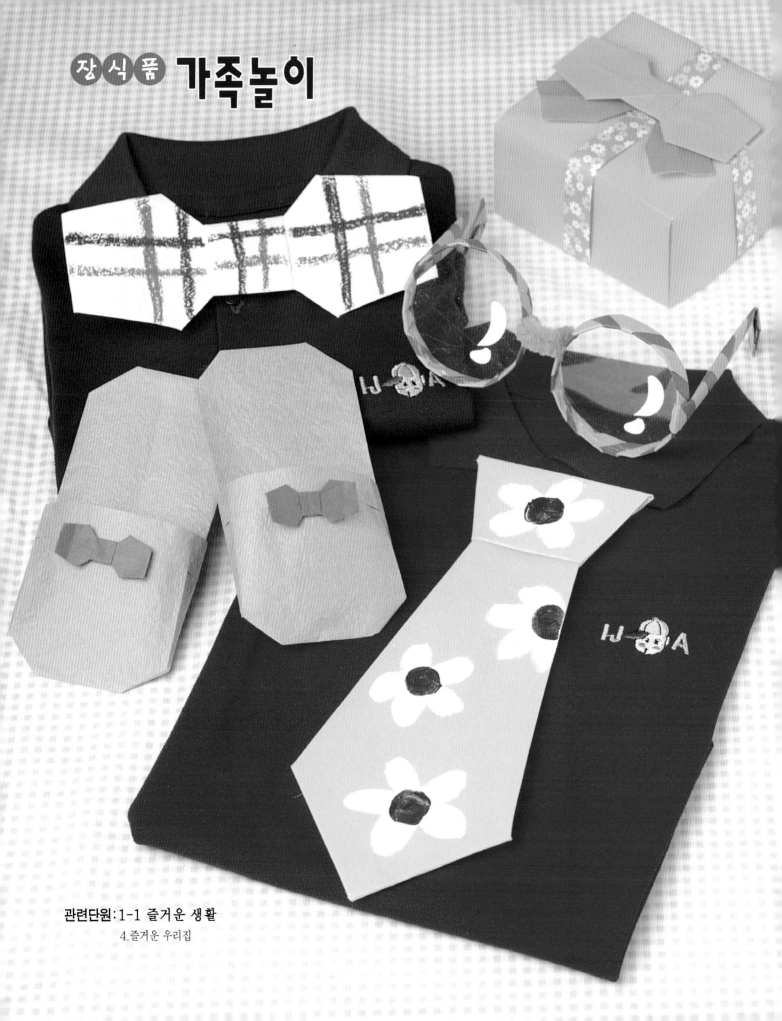

장식품 가족놀이

넥타이

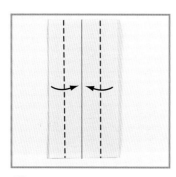

1 1/2로 자른 종이에 중심선에 맞추어 문접기한다.

2 그림과 같이 접는다.

3 1/3정도 뒤로 접어 내린다.

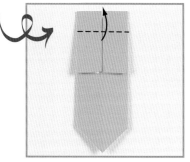

4 위로 접어 올린다.

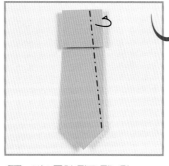

5 비스듬히 뒤로 접는다.

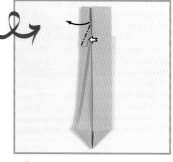

6 펼쳐 눌러 접는다.

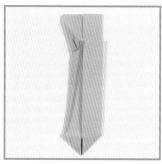

7 반대쪽도 같은 방법으로 접는다.

8 윗부분을 비스듬히 접는다.

9 아래로 접는다.

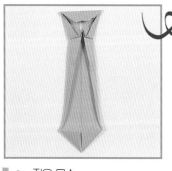

10 접은 모습.

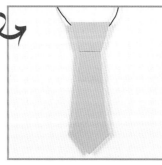

11 뒤집으면 완성.

안경

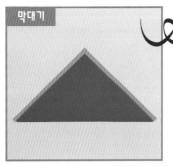

막대기

1 윗부분을 조금만 남기고 접는다.

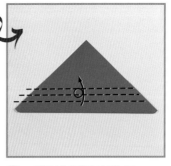

2 뒤집어서 말듯이 접는다.

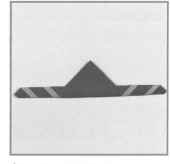

3 계속 말아 접는다.

4 풀칠하여 붙인다.

5 막대기 완성.

안경

6 막대기를 4개 만든다.

7 2개는 둥글게 연결한다.

8 모루를 이용하여 서로 붙인다.

9 끝을 굽혀서 안경알에 붙인다.

10 완성.

이렇게 해보세요!

안경을 만들 때 사용하는
막대기는 여러 가지 공작
수업에도 다양하게 응용할 수
있는 접기입니다.
유용하게 사용해 보세요.

실내화

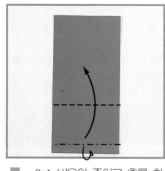

1 2:1 비율의 종이로 ②를 참고 하여 접는다.

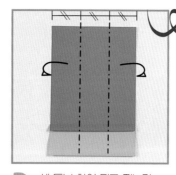

2 세 등분 하여 뒤로 접는다.

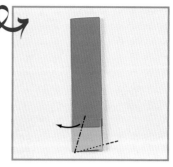

3 펼쳐 눌러 접는다.

4 풀칠하여 반을 접어 내린다.

5 풀칠하여 붙인 모습

6 모서리를 뒤로 접는다.

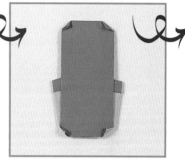

7 접은 모습.

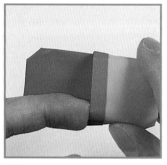

8 실내화의 모양을 매만진다.

9 같은 모양을 2개 접는다.

 벽걸이

10 장식을 달면 완성.

딸랑이

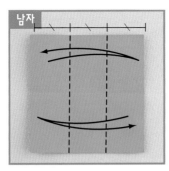

1 접었다 편 선을 만든다.

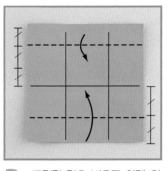

2 그림과 같은 비율로 아래 위를 접는다.

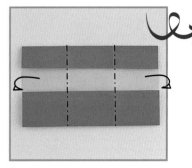

3 뒤로 3등분 하여 접는다.

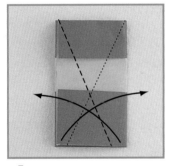

4 양쪽을 비스듬히 바깥으로 접는다.

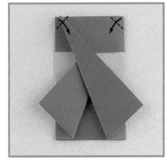

5 모서리를 접는다.

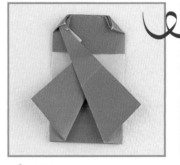

6 접은 모습.

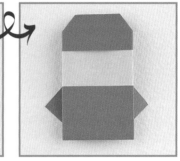

7 완성.

여자

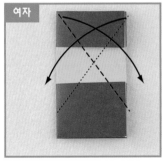

1 남자 딸랑이 ④에서 시작하여 양쪽을 비스듬히 접는다.

2 그림과 같이 접는다.

3 여자 딸랑이 완성.

딸랑이 조립

1 펀치로 구멍을 뚫는다.

2 활핀을 사용하여 막대를 연결한다.

3 눈과 방울로 예쁘게 장식하면 완성.

귀여운 가방

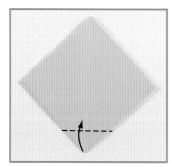

1 11쪽 사각주머니접기에서 시작하고 위로 접는다.

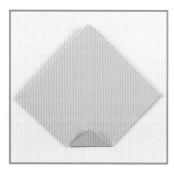

2 다시 편다.

3 접었다 편 선을 이용해 안쪽으로 눌러 접는다.

4 중간 부분을 밖으로 접는다. (84쪽 ⑤참고)

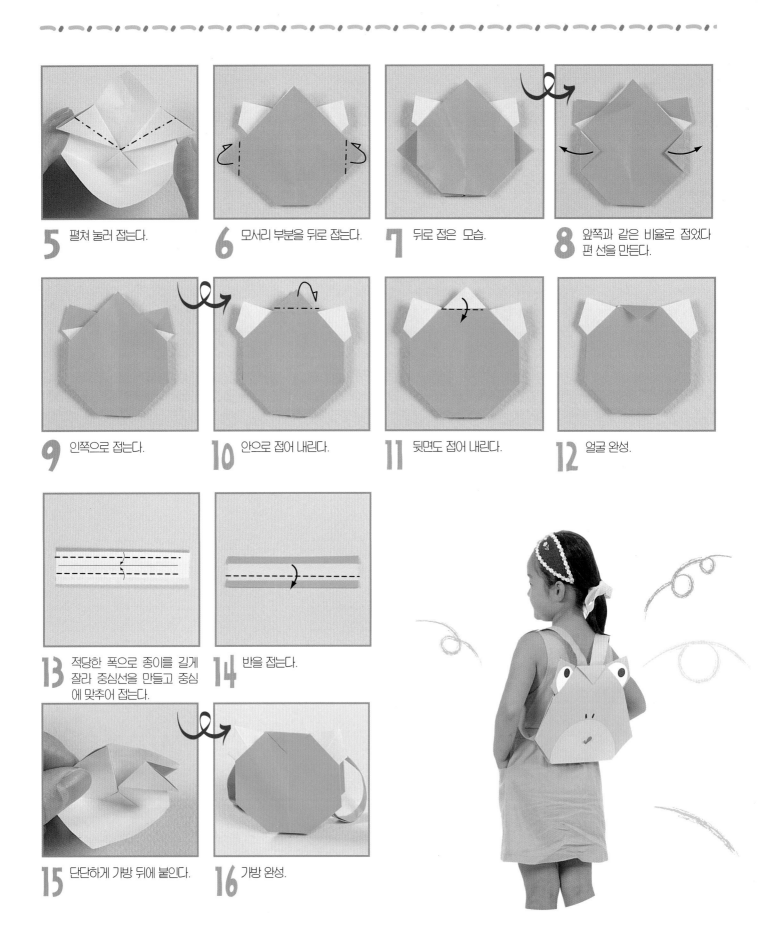

5 펼쳐 눌러 접는다.

6 모서리 부분을 뒤로 접는다.

7 뒤로 접은 모습.

8 앞쪽과 같은 비율로 접었다 편 선을 만든다.

9 안쪽으로 접는다.

10 안으로 접어 내린다.

11 뒷면도 접어 내린다.

12 얼굴 완성.

13 적당한 폭으로 종이를 길게 잘라 중심선을 만들고 중심에 맞추어 접는다.

14 반을 접는다.

15 단단하게 가방 뒤에 붙인다.

16 가방 완성.

손가방

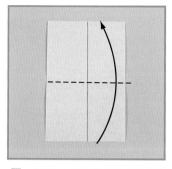

1 비율 3:2인 종이를 사용하여 중심선을 만들고 반을 접는다.

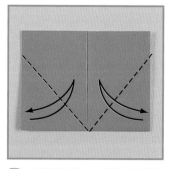

2 접었다 편 후, 안쪽으로 접기 한다.

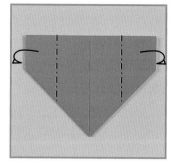

3 중심선에 맞추어 안쪽으로 접는다.

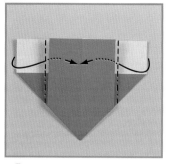

4 뒷면도 안쪽으로 접는다.

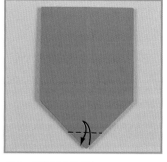

5 접었다 펴세요.

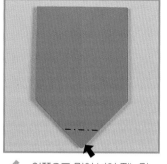

6 안쪽으로 밀어 넣어 접는다.

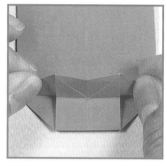

7 중감과정

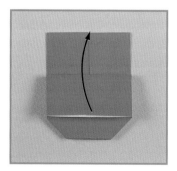

8 다시 펴서 안으로 접어 넣는다.

9 접어 넣은 모습.

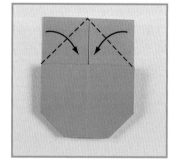

10 중심선에 맞추어 접는다.

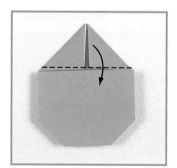

11 접어 내린다.

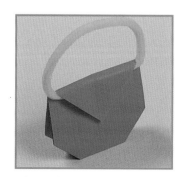

12 끈을 달면 완성.

컵받침

컵받침 기본형

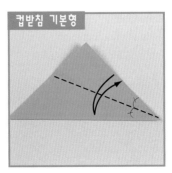

1 9쪽 삼각접기를 윗장만 접었
다 편다.

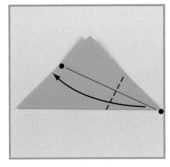

2 ●와 ●가 만나도록 접는다.

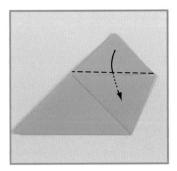

3 안쪽으로 끼워 넣는다.

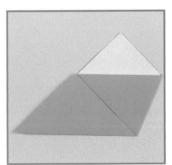

4 8장을 만든다.

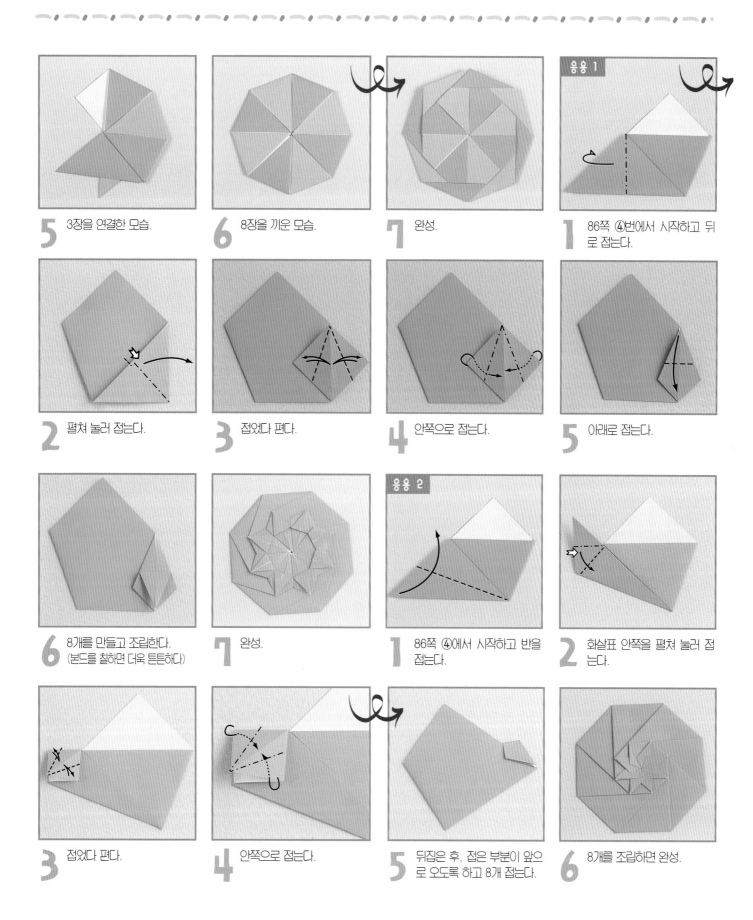

5 3장을 연결한 모습.

6 8장을 끼운 모습.

7 완성.

응용 1

1 86쪽 ④번에서 시작하고 뒤로 접는다.

2 펼쳐 눌러 접는다.

3 접었다 편다.

4 안쪽으로 접는다.

5 아래로 접는다.

6 8개를 만들고 조립한다. (본드를 칠하면 더욱 튼튼하다)

7 완성.

응용 2

1 86쪽 ④에서 시작하고 반을 접는다.

2 화살표 안쪽을 펼쳐 눌러 접는다.

3 접었다 편다.

4 안쪽으로 접는다.

5 뒤집은 후. 접은 부분이 앞으로 오도록 하고 8개 접는다.

6 8개를 조립하면 완성.

컵받침의 다양한 응용 노트

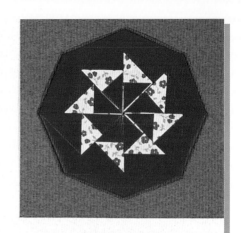

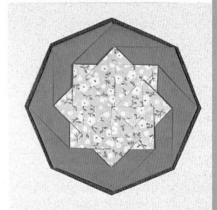

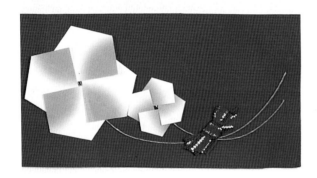

 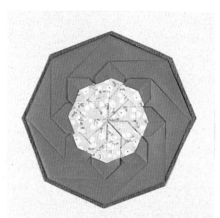 

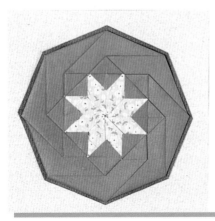 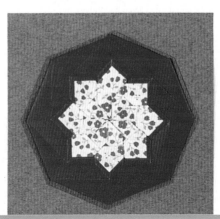 

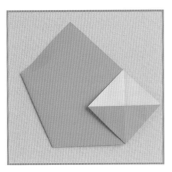

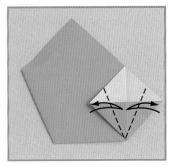

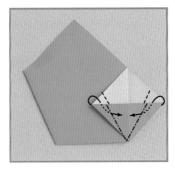

1 87쪽 응용1에서 시작하고 안으로 끼워 넣는다.

2 접은 모습.

3 접었다 편다.

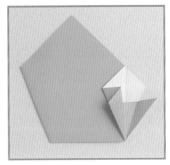

4 안쪽으로 접는다.

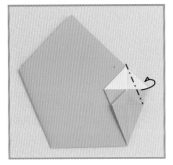

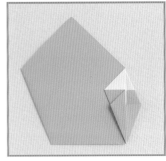

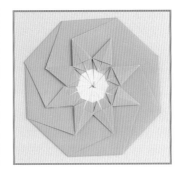

5 반대쪽도 안쪽으로 접는다.

6 뒤로 접는다.

7 8장을 접어 조립한다.

8 완성.

우산 컵받침을 7개로 조립하고 중심에 철사를 끼우세요.

4

추워도 좋아요!! 신나는 겨울

신나는겨울

산타마을

산타클로스

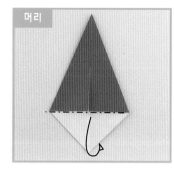

머리

1 9쪽 아이스크림접기에서 시작 하고 뒤로 접는다.

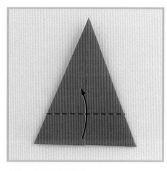

2 접어 올린다.

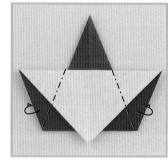

3 뒤로 접는다.

4 머리 완성.

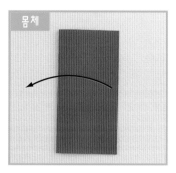

몸체

1 반을 접는다.

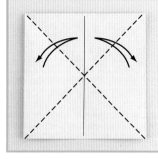

2 펼친 후. 접었다 편선을 만든다.

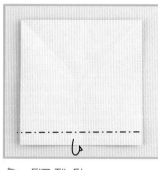

3 뒤로 접는다.

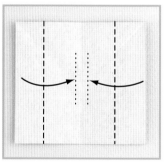

4 가운데 간격을 조금 두고 접 는다.

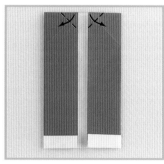

5 조금만 접는다.

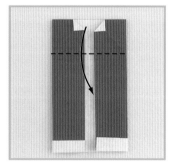

6 아래로 접는다.

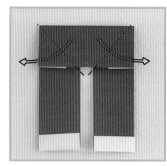

7 밖으로 잡아 당겨 접는다.

8 뒤로 접는다.

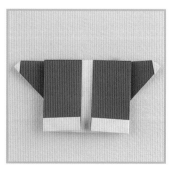

9 몸 완성.

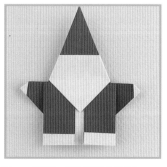

10 머리는 풀칠하여 붙인다.

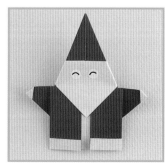

11 완성.

장화

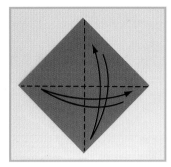

1 접었다 편 선을 만든다.

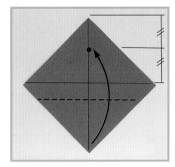

2 1/2선에 맞추어 접는다.

3 조금만 접어 내린다.

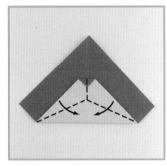

4 점선대로 접는다.

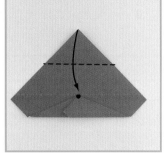

5 •에 맞추어 접어 내린다.

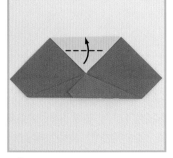

6 반을 위로 접는다.

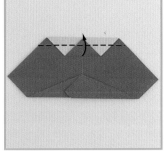

7 반을 위로 접은 후. 다시 편다.

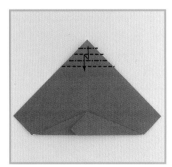

8 접었다 편 선을 기준으로 계단 접기한다.

9 양쪽을 뒤로 접는다.

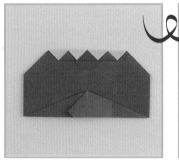

10 접은 모습.

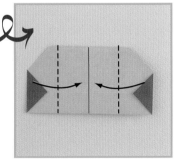

11 중심선에 맞추어 접는다.

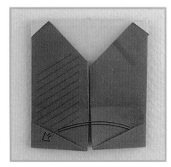

12 빗금 친 부분에 본드를 칠하여 붙인다.

13 입체가 되도록 매만지고 2개 를 접는다.

14 완성.

리스

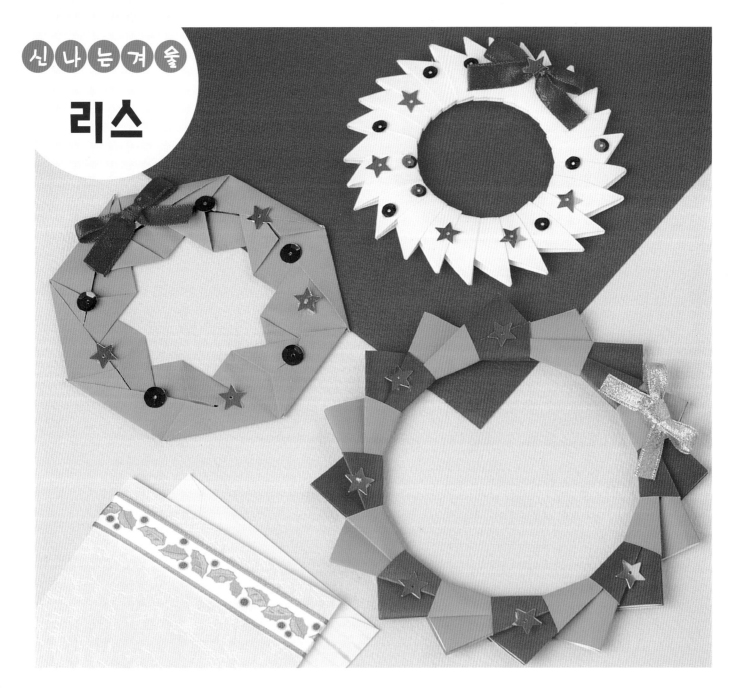

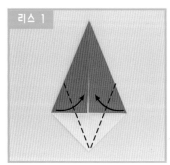

1 9쪽 아이스크림접기에서 시작하고 중심에 맞추어 접는다.

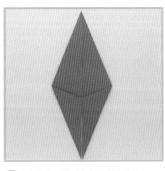

2 같은 모양을 8개 만든다.

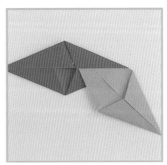

3 그림과 같이 연결한다.

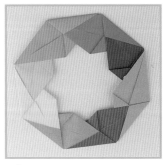

4 완성.

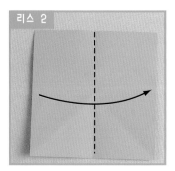

1 반을 접는다.

2 중심선에 맞추어 비스듬히 접는다.

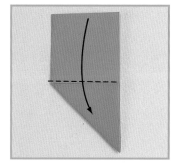

3 아래로 접는다.

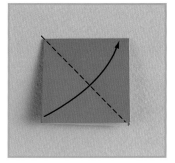

4 반을 접는다.

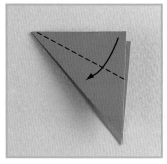

5 반을 접는다.

6 16개를 만든다.

7 본드를 칠하여 끼운다.

8 완성.

리스 3

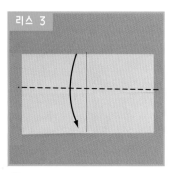

1 비율 3:5인 종이로 반을 접 어 내린다.

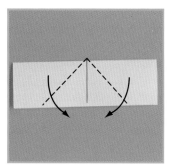

2 중심선에 맞추어 접는다.

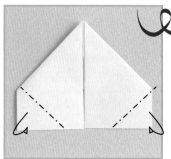

3 뒤로 접는다.

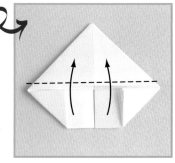

4 위로 접는다.

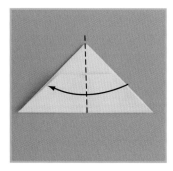

5 반을 접는다.

6 24개를 만든다.

7 두 개를 끼우는 모습.

8 완성.

종

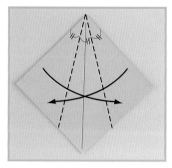

1 3등분 하여 접는다.

2 위로 접어 올린다.

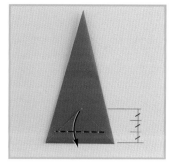

3 2/3을 접어 내린다.

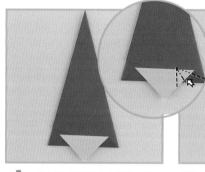

4 화살표 안쪽을 눌러 접는다.

5 조금만 접어 올린다.

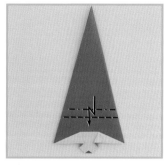

6 계단접기한다.

7 계단접기한다.

8 모서리 부분을 접는다.

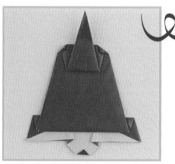

9 접은 모습.

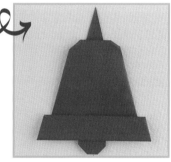

10 완성.

이렇게 해보세요!

리스와 종을 조그맣게
접어서 붙인 성탄카드를
만들어 보세요.

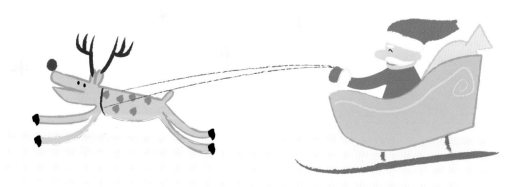

초

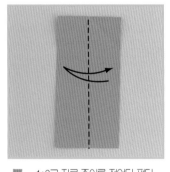

1 1:2로 자른 종이를 접었다 편다.

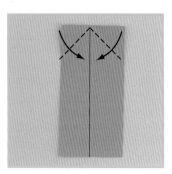

2 중심선에 맞추어 접는다.

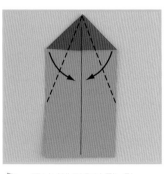

3 중심선에 맞추어 접는다.

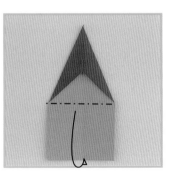

4 그림처럼 뒤로 접는다.

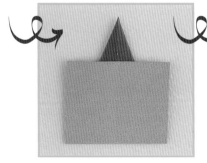

5 접은 모습.

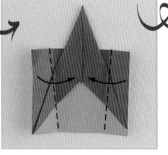

6 양쪽을 비스듬히 접는다.

7 완성.

나무

1 9쪽 아이스크림접기에서 시작하고 위로 접는다.

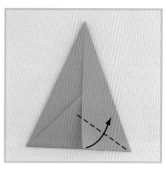

2 오른쪽을 앞으로 빼고 그림처럼 접는다.

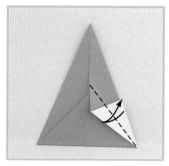

3 접었다 편다.

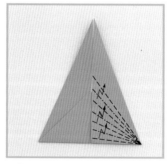

4 접었다 편 선을 이용해 계단접기한다.

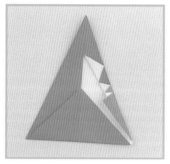

5 이 모양을 6개~ 8개를 만든다.

6 본드를 칠하여 2개를 붙이고 나머지도 같은 방법으로 붙인다.

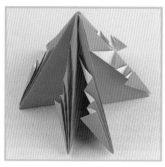

7 윗부분 완성.

기 둥

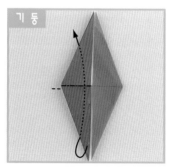

1 12쪽 학접기에서 시작하고 안쪽으로 접기 한다.

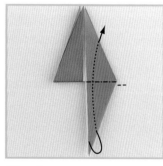

2 ②와 같은 방법으로 접는다.

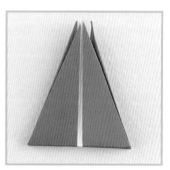

3 입체로 만든다.

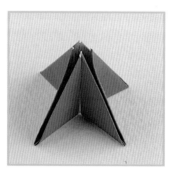

4 나무 기둥 완성.

5 나무 윗부분⑦과 기둥④를 연결한다.

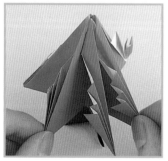

6 나무 윗부분을 펴준다.

7 완성.

신 나 는 겨 울 **눈요정**

눈요정

얼굴

1 9쪽 방석접기에서 시작한다.

2 네 모서리를 접는다.

3 접은 모습.

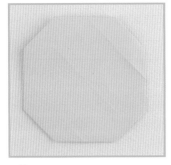

4 얼굴 완성.

몸

1 9쪽 아이스크림접기에서 시작한다.

2 삼각부분을 접어 올린다.

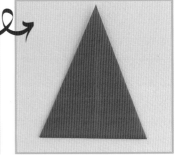

3 몸 완성.

신발

1 반을 접어 올린다.

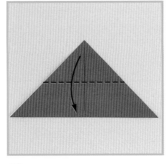

2 반을 접어 내린다.

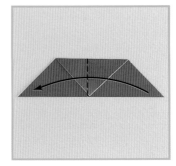

3 반을 접는다.

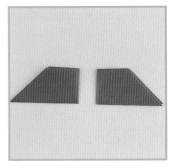

4 2개를 접으면 신발 완성.

5 모루를 이용하여 연결하여 붙인다.

재미있는 눈 문양

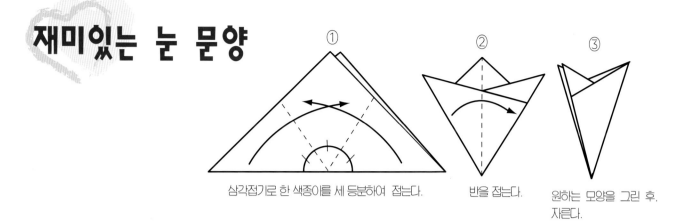

① 삼각접기로 한 색종이를 세 등분하여 접는다.

② 반을 접는다.

③ 원하는 모양을 그린 후, 자른다.

신나는 겨울 리스구성

뒤쪽의 수국잎을 여러 장 접어 둥글게 붙이고
그위에 크리스마스와 어울리는 작품을 접어 붙이세요.

5

언제나 즐거운
꾸미기와 만들기

장신구

헤어핀1

1 2가지 색종이를 1.5cm 폭으로 잘라 딱지를 접는다.

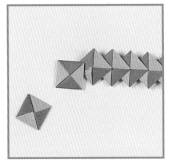

2 딱지를 8개 접는다.

3 8개를 연결하여 핀에 붙인다.

4 투명 메니큐어를 칠하면 완성.

헤어핀2

1 종이끈을 준비한다.

2 종이끈을 동그랗게 말아 접착제로 고정 시킨다.

3 다른 색 종이끈이나 구슬로 장식한다.

4 완성.

모자와 족두리

족두리

1 사진과 같이 검정 골판지로 몸체를 만든다.

2 띠골판지로 둥근 구슬을 만들어 장식한다.

3 문양을 오려 붙이고 술을 단다(147쪽 도안 참고)

4 완성.

모자

1 머리크기에 맞게 모자테를 오린다.

2 띠골판지를 촘촘히 붙인다.

3 장식을 단다.

4 완성.

액자와 꽂이

①:헌 상자를 이용해 액자
틀을 만들고 그위에 철사
를 구부려 장식한 작품.

액자

1 우드락을 원하는 액자 크기
로 자른다.

2 종이끈을 감고 모서리에 지
혜지를 접어 장식한다.

3 액자 크기 보다 조금 작게 뒷
면을 붙이고 받침대를 만든
다.

4 완성.

연필꽂이

1 깡통을 골판지로 감싼다.

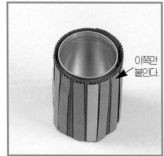

이쪽만
붙인다.

2 색종이를 잘라 1㎝폭의 띠지
를 만들어 간격을 알맞게 띠
어 가며 한쪽 끝만 붙인다.

3 종이끈을 1㎝ 정도의 너비로
감으며 색종이와 엮는다.

4 위 아래 띠골판지를 붙이면
완성.

화분장식

관련단원:
2-1 즐거운 생활
2.즐거운 우리교실

1 우유팩을 자른다.

2 우유팩으로 상자를 만든다.

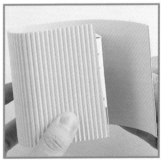

3 골판지를 감싸 붙인다.

4 중간 그림.

5 꽃잎을 오린다.

6 꽃을 여러개 만든다.

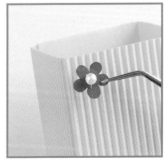

7 꽃 장식을 한다.

8 완성.

정리함

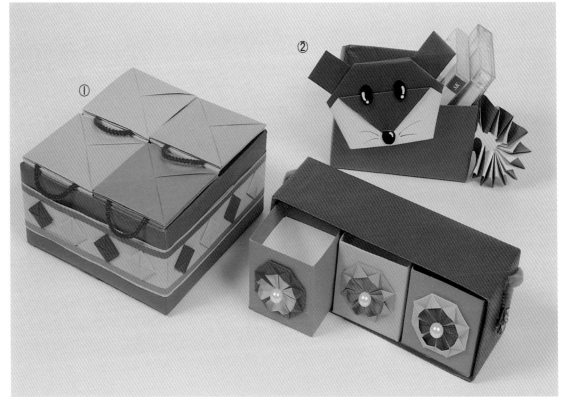

① : 우유팩 4개를 붙이고
   그위에 17쪽의 지혜지를
   접어 붙인 작품.

② : 큰 우유팩을 색종이로 붙
   이고 50쪽 너구리 얼굴을
   크게 접어 장식한 작품.

1 큰 우유팩 1개와 작은 우유
팩3개를 준비한다.

2 큰우유팩은 그림처럼 자른
다.

3 그림처럼 붙인다.

4 작은 우유팩은 6.5㎝ 높이로
자른다.

5 색종이를 붙인다.

6 문양으로 장식한다.

7 상자에 모루를 붙인다.

8 완성.

필통과 메모함

① : 필통과 비슷한 방법으로, 우드락으로 상자를 만든 후 골판지로 장식한다.

1 우드락을 자른다.

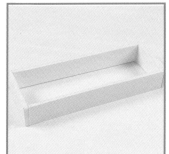

2 틀을 만든다.

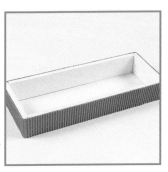

3 골판지로 감싼다.

4 띠골판지를 이용하여 윗 부분을 붙인다.

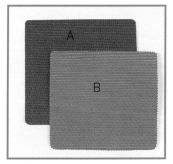

5 골판지 A,B를 준비한다.

6 골판지 A의 한쪽 면에 ④를 그림처럼 붙인 후, 골판지 B를 덧 붙인다.

7 구멍을 뚫어 고리와 구슬을 붙인다.

8 장식을 붙여 완성.

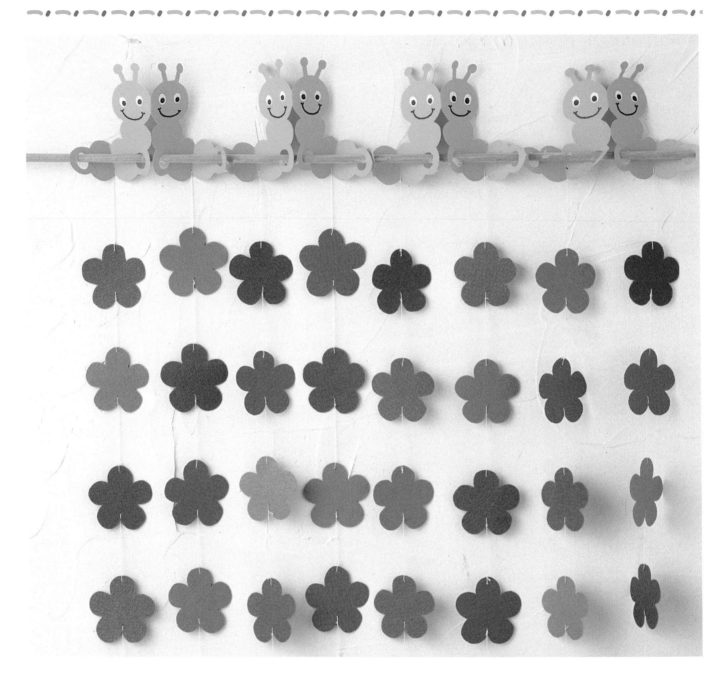

창문장식 모빌

관련단원:
1-2 즐거운 생활
6.똑같아요.
2-1 즐거운 생활
2.즐거운 우리교실

1 150쪽 도안을 보고 벌레를 오려둔다.

2 150쪽 도안을 보고 여러 개의 꽃 만든다.

3 원하는 크기대로 모빌을 만든다.

꽃

벽면 장식, 훈장,
액세서리 등으로도
활용 해 보세요.
(151쪽 참고)

관련단원:
1-2 즐거운 생활
6. 똑같아요.

1 약 2:1비율의 종이를 준비한
다.

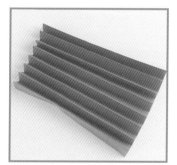

2 사진처럼 계단접기한다.

3 중심을 호치키스로 찍는다.

4 중심을 찍은 모습.

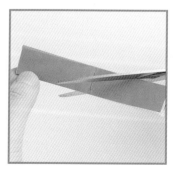

5 모양을 낸다.

6 좌우 대칭이 되도록 예쁘게
오린다.

7 본드를 칠해 양쪽을 붙인다.

8 완성.

종이꽃

관련단원:
1-1 즐거운 생활
4.즐거운 우리집

1 크레파스로 꽃을 그리고 오린다.

2 종이컵을 이용하여 화분을 만들고 꽃을 꽂는다.

1 여러 가지 모양으로 색종이를 오려 꽃을 만든다.

2 우드락에 붙인다.

3 화분에 꽂는다.

1 골판지를 그림처럼 만다.

2 띠골판지를 자른다.

3 원을 중심으로 돌아가며 붙인다.

4 꽃받침을 붙이고 꽃테이프로 감싼다.

5 완성.

귀여운 동물가족

관련단원:

4.미술

8.재미있는 표현

펭귄

1 휴지말이에 펭귄 모양으로 물감을 칠한다.

2 눈과 입을 붙인다.

3 팔 다리를 붙인다.

4 완성.

양

1 휴지말이에 양 모양으로 물감을 칠한다.

2 눈을 붙인다.

3 양의 뿔을 만든다 (종이에 물감을 칠하고 둥글게 만다).

4 완성.

십이지

나무 젓가락에 붙여
인형놀이 해 보세요.

관련단원 : 2-1 즐거운 생활
10.숲속 나라

1 종이컵을 준비한다.

2 종이로 감싼다. (150쪽 도안 참고)

3 동물을 붙인다. (150쪽 도안 참고)

수납상자

여러 가지 형태로
우유팩을 붙여 원하는
수납상자를 만들어
보세요.

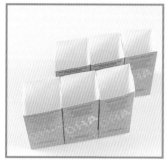

1 우유팩을 6개 준비하고 3개씩
붙여 그림처럼 준비한다.

2 우드락을 잘라 준비한다.

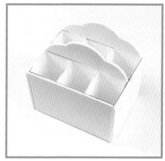

3 우드락을 붙인다.

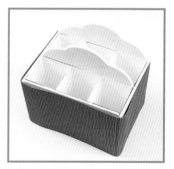

4 골판지를 붙인다.

5 골판지를 잘라 끼울 수 있게
준비한다.

6 둥굴린 골판지를 끼워 붙인
다.

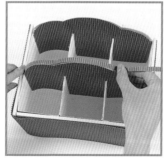

7 골판지를 8mm 폭으로 잘라
윗 부분을 마무리 한다.

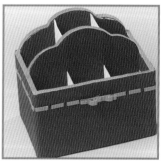

8 완성.

오뚝이

깡통 속에 무거운
것을 붙여 무게
중심을 잡아주는
것이 중요합니다.

관련단원:
2-2 즐거운 생활

1.오뚝이처럼

1 참치 깡통에 색종이를 붙인
다.

2 찰흙을 붙여 고정대를 만든
다.

3 요구르트 통에 색종이를 감
싸 붙인다.

4 머리를 붙인다.

5 모자를 붙인다.

6 팔다리를 붙여 동작을 만든
다.

7 피에로를 깡통에 붙인다.

8 완성.

팽이

관련단원:
1-2 즐거운 생활
9.즐거운 민속놀이

골판지 팽이			
		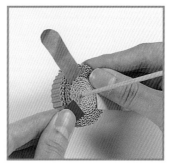	
1 띠골판지를 막대기에 감는다.	**2** 여러 가지 색을 겹쳐서 감는다.	**3** 장식을 붙인다.	**4** 완성.

판다 팽이			

1 원뿔 형태를 만든다.	**2** 띠골판지를 막대기에 감는다.	**3** 사진과 같이 붙인다.	**4** 눈과 귀를 붙이면 완성.

재미있는 악기들

관련단원:
1-2 즐거운 생활
5.어린 음악대

타악기

1 페트병에 음표를 붙인다.

2 꽃을 붙이고 작은 돌을 넣는다.

짤랑이

1 15쪽의 우주인을 참고하여 몸체를 만들고 방울 단다.

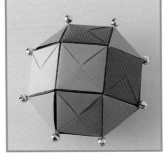

2 방울을 단 모습.

3 나무막대를 단다.

기타

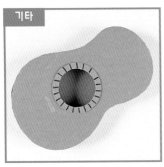

1 두꺼운 종이를 기타 모양대로 자른다.

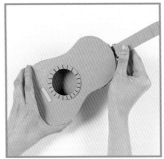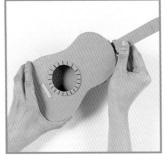

2 몸체를 만든다.

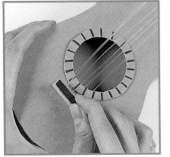

3 줄을 연결한다.

4 완성.

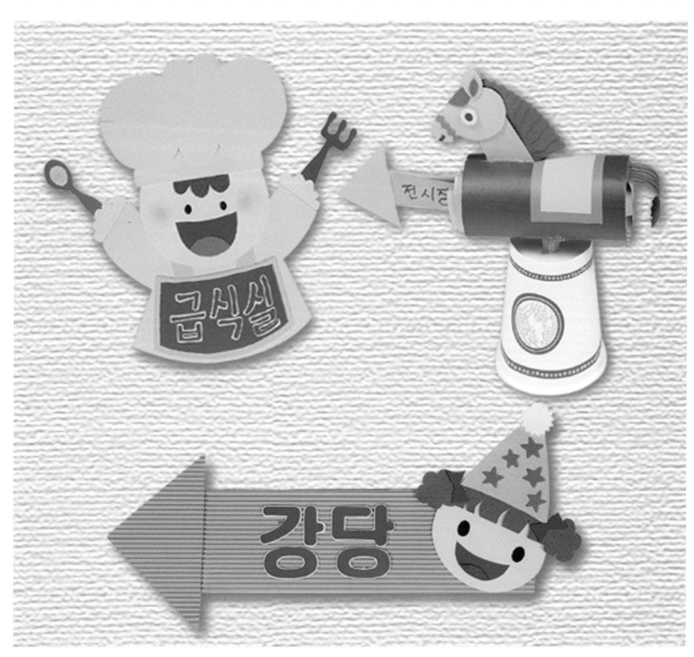

표시물

관련단원:
3.미술 9.문자와 초대장

1 화살표를 만든다.

2 글자를 붙인다.

3 어린이 얼굴을 붙여 완성.
(151쪽 도안 참고)

꾸미기와 만들기
환경꾸미기

관련단원:
1-1 즐거운 생활 5.아름다운 우리 마을

① : 돌에 물감이나 한지를 찢어 붙여서 표현.
② : 150쪽 도면을 이용하여 우유팩을 장식.
③ : 크고작은 우유팩을 양면색상지로 장식.

꾸미기와 만들기
초대장

미술작품전시회

때 : 2000. 10. 5 ~ 15
장소 : 1층 복도

노래자랑

10월 5일. 우리교실.
12시 10분.

초대장

생일을
축하합니다.

12살

생일 축하해!
항상 예쁘게 웃어요.

관련단원 :
2-2 즐거운 생활 8.우리들 자랑 3.미술 9. 문자와 초대장

123

카드와 연하장

관련단원:
1-2 즐거운 생활 7.정다운 이웃

① : 140쪽 복주머니
② : 103쪽 눈 모양 응용
③ : 95쪽 리스
④ : 34쪽 리본, 96쪽 리스, 97쪽 종.

①

②

③

④

종이를 엮어서 표현한 카드.

6

즐거운 우리 교실
수업연구 프로그램

종이접기 지도 수업을 위한 준비

신나는 종이접기 시간

종이접기 수업 시간에는 127쪽~129쪽의 사진과 같이 종이접기방법 스크랩과
참고 작품을 하드보드 지에 붙여 커다란 노트를 만들어 교편물로 사용하면 좋습니다.
노트의 크기는 4절 정도의 하드보드 지를 필요한 만큼 2~4장 정도 붙여서 만듭니다.
노트처럼 접어 두었다가 수업 중 적절한 시간에 참고 작품의 필요한 부분만 펼쳐서
칠판에 세워 놓고 학생들에게 제시합니다.
이러한 자료는 종이접기 방법을 습득하는 것은 물론, 하나의 종이접기를 익혀
여러 가지 방법으로 응용하여 생활에 필요한 것을 만들어 낼 수 있도록
생각의 장을 열어주게 됩니다.
지도자 여러분들도 이 노트의 예를 보고 종이접기 수업이나 강좌에 참고하세요.

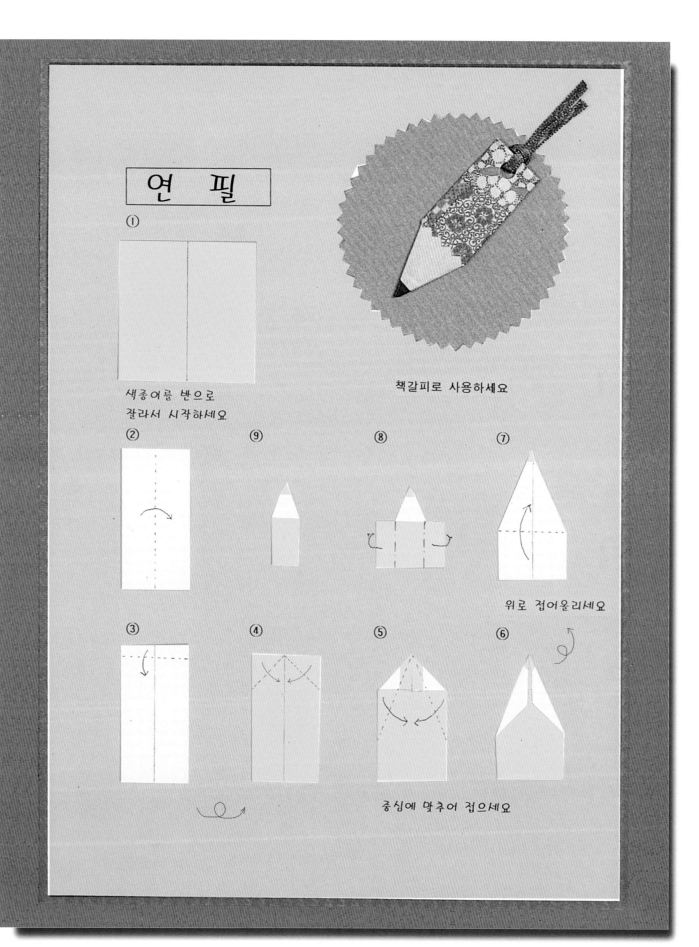

연 필

① 새종이를 반으로 잘라서 시작하세요

책갈피로 사용하세요

② ⑨ ⑧ ⑦

위로 접어올리세요

③ ④ ⑤ ⑥

중심에 맞추어 접으세요

수 업 연 구 Ⅰ　여러 가지 문양

주제	문양 응용		지도교사	전 경 자
학습 목표	쌍배접기 기본형을 다양한 문양으로 발전시키고 문양으로 여러 가지 작품을 만들수 있다.		대 상	아동 00명
			일 시	월　　일　　교시

학습 단계	학습내용 및 활동	시 간	자료 및 유의점
목표 인지	**쌍배접기 기본형을 이해한다.** -쌍배접기 기본형을 문양으로 발전시킨다. -여러 가지 다양한 문양으로 응용해 본다. -문양으로 여러 가지 작품을 만든다.		● 참고 작품 ● 한 가지 기본형에서 여러 가지 　문양으로 응용, 발전시킬 수 　있음을 알게 한다.
탐색	**쌍배접기 기본형을 익힌다.** -쌍배접기에서 발전된 문양을 접어 본다. -기본 문양을 응용하여 여러 가지 문양을 접어 본다. -접은 문양을 16절지에 붙여 본다.		●양면 색종이 ●16절지
구상및 표현	*(활동 1)* **문양으로 액자 만들기** -여러 가지 문양을 사진이나 그림을 넣을 수 　있는 액자로 구상해 본다. -액자로 만들 문양을 생각한다. -재료를 정한다. -액자를 접어 아름답게 꾸민다. *(활동 2)* **문양으로 카드 만들기** - 여러 가지 문양을 초대장이나 카드로 쓸 수 있게 　구상해 본다. - 카드로 만들 문양을 정한다. - 문양의 크기를 정한다. - 재료를 선택한다. - 선택한 문양을 접어 예쁘게 구성한다.		● 수업시간이 제한 되어 있으므로 　표현 활동 1,2,3,4 중 모둠별로 　선택하여 수업하는 융통성을 가지 　도록한다. ● 참고 작품을 보고 자신만의 창의성 　을 발휘하도록 한다. ● 연속 문양을 반복하여 구성할 때는 　문양의 종류를 한 두 가지로 제한 　하는 것이 효과적인 표현임을 　지도한다.

학습 단계	학습내용 및 활동	시 간	자료 및 유의점

구상및
표현
	(활동3)
	문양으로 바구니 만들기
	- 여러 가지 문양을 바구니로 구상해 본다.
	- 바구니로 표현할 문양을 정한다.
	- 재료를 선택한다.
	- 접은 문양을 바구니로 만든다.
	
	(활동4)
	문양구성을 협동작품으로 표현하기
	- 문양을 모둠 구성원의 협동작품으로
	  구상해 본다.
	- 접을 문양을 생각한다.
	- 재료를 선택한다.
	- 접은 문양을 구성한다.
			● 문양을 바구니의 형태로 변형시켜
			  예쁘게 장식하고 끈도 달아 보도록
			  한다.
			● 바구니는 약간 두꺼운 종이를 사용
			  하는 것이 좋으므로 종이 선택에 참
			  고 하도록 조언하는 것이 좋다.
			
			● 협동작품은 모둠원이 의견을 충분
			  히 나누어 구상하도록 하고 어울리
			  는 구성이 되도록 서로 상의 하며
			  작품을 완성해 나가도록 한다.
			
			● 한 가지 문양도 크기와 색상을 달
			  리 하여 늘어 놓았을 때 느낌이
			  다름을 발견하도록 한다.

감상	**어울리는 장소에 작품을 전시하고 감상하기**
	- 창의적인 문양으로 표현되었는가?
	- 배색이 아름다운가
	- 접기가 깔끔하게 잘 되었는가?
	- 전체적인 조화가 아름다운가?
	- 작업 중 어려운 점은 무엇인가?
	
	정리정돈
	- 재료와 용구를 정리한다.
			● 자신의 작품과 유사한 점과 다른점에
			  대해서 이야기 한다.
			● 마음에 드는 작품을 골라 좋은 점을
			  기록해 두거나 스케치해두는 습관을
			  기른다.
			● 작품을 실생활에 응용하는 태도를
			  가지도록한다.
			
			● 남은 종이 중 쓸 수 있는 것은 종류별
			  로 분류하여 정리하고 나머지는 페휴
			  지함을 마련하여 모으도록 한다.

문양

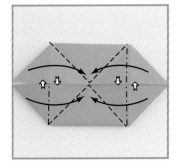

1 10쪽 쌍배접기에서 시작하고 안쪽을 펼쳐 눌러 접는다.

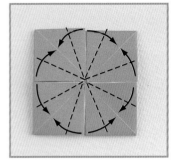

2 네 부분 모두 중심선에 맞추어 접는다.

3 화살표 안쪽을 펼쳐 눌러 접는다.

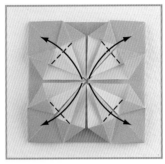

4 밖으로 접는다.

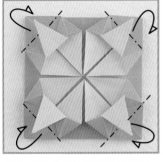

5 네 부분을 직각으로 접어 넘기면 우주선이 된다.

6 우주선 완성.

7 우주선을 6개 접는다.

8 본드로 붙인다.

9 모빌 완성.

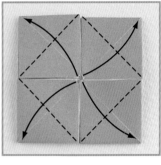

1 위의 ②에서 시작하고 밖으로 접는다.

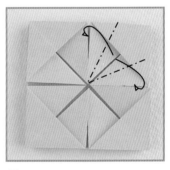

2 뒤로 접는다.

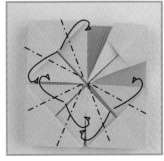

3 나머지 세 부분도 뒤로 접는다.

4 문양 완성.

이렇게 해보세요!

문양은 초보자도 쉽게 변형시키고 응용할 수 있어 종이접기를 처음 접할 때 공부하기 좋은 작품입니다.
여러분도 다양한 변형에 도전해 보세요.

여러 가지 문양들

액자와 바구니

놀이동산

132쪽의 문양을 크고 작게 접어 꽃과 기구 등을 재미있게 표현
하고 친구들과 함께 사이좋게 협동 작품을 만들어 보세요.

복주머니

주제	복주머니 만들기(세뱃돈 봉투)	지도교사	전경자
교수 학습 목표	쓸모와 아름다움을 생각하여 복주머니를 만들 수 있다.	대상	
		일시	월 일 교시

학습 단계	교수, 학습활동		시 간	자료 및 유의점
	교사의 발언과 조언	학생의 활동과 예상반응		
목표 인지	**복주머니 감상하기** ● 여러 가지 모양의 실제 복주머니를 감상하면서 복주머니에 대해 이야기하게 한다. －이름은 무엇인가? －모양은 어떠한가? －어떤 재료로 만들었는가? －어떻게 만들었는가? ● 종이로 복주머니를 만들 수 있을까?	● 실세 복주머니를 감상하면서 복주머니에 대해 발표한다. －복주머니(귀주머니) －양쪽에 귀가 있다. －돈이나 소지품을 넣는다. －비단이나 무명 －자수로 꾸몄으며 매듭으로 장식했다. ● 종이로 복주머니를 만들어 보자.		● 실물 복주머니나 사진이나 슬라이드, 실물 환등기 ● 복주머니의 생김새와 쓰임새, 아름다움을 자유롭게 이야기하게 한다.
구상	**만들고 싶은 모양구상하기** ● 쓸모, 크기, 만드는 법을 구상하게 한다. －어떤 쓸모를 위해 만들까? －어떤 재료로 만들까? －어떤 크기로 만들 것인가? －어떻게 꾸밀 것인가?	● 복주머니의 쓰임새, 크기, 만드는 법 등을 정한다. －세뱃돈 봉투 －한지, 포장지, 구김지 등 －돈을 넣을 수 있는 크기 －매듭, 다른 접기 활용		● 쓰임새를 생각하여 크기나 표현방법을 정하도록 한다. ● 쓰임새와 크기에 따라 알맞은 재료를 선택하도록 한다.

학습 단계	교수, 학습활동		시 간	자료 및 유의점
	교사의 발언과 조언	학생의 활동과 예상반응		
구 상	**복주머니 모양 스케치 하기** ● 구상한 복주머니를 스케치 　한다. ● 대강의 모양, 크기, 장식을 　스케치 한다.	● 복주머니의 모양, 크기와 뚜껑장식 　을 스케치 한다.		● 용도에 따라 복주머니를 만들 　종이 크기를 생각하여 　정하도록 한다. ● 색종이를 이용하여 여러 　방법으로 접어 보도록 한다. 　(140쪽 도면을 참고하여 　교사의 보충 설명)
표 현	**구상한 복주머니를 만들게 한다.** ● 만들고자 하는 모양과 크기 　에 따라 구상한 표현 방법 　으로 만들게 한다. ● 조화를 생각하며 꾸미게 　한다.	● 구상한 방법에 따라 복주머니를 　만든다. 　-쓸모에 알맞은 모양에 따라 　　복주머니를 만든다. 　-정한 용도에 따라 적합한 재료를 　　선택하여 만든다. ● 만든 복주머니의 색깔, 분위기에 　맞게 배운 접기를 이용하여 뚜껑 　을 장식한다.		● 한지, 포장지, 색종이, 매듭끈, 　본드 등 ● 오랜시간 참고 작품을 제시하는 　것은 학생의 창의성을 저해할 　수 있으므로 보충 설명 　단계에서 잠시 동안 제시 　하도록 유의한다.
감 상	**서로의 작품 감상하기** 완성된 작품을 보고 이야기 한다.	● 서로의 작품과 자신의 작품을 감상 　한다. 　-어떤 쓸모를 위해 만들었는가? 　-재료의 선택은 잘 되었는가? 　-아름답게 꾸몄는가? 　-재미있는 점과 잘된 점은 　　무엇인가? 　-고쳐야 할 점은 무엇인가?		● 서로의 작품을 감상하여 　창의적인 점을 찾아내도록 　하고 더 좋은 작품을 만들기 　위한 동기를 부여한다. ● 정리정돈 ● 차시예고

복주머니

1 3:2 비율의 종이를 준비하여 접었다 편 선을 만든다.

2 양쪽 끝을 조금 접는다.

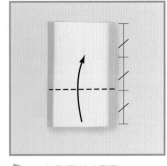

3 1/3을 접어 올린다.

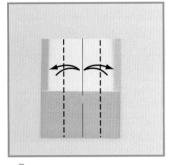

4 중심선을 기준으로 반을 접 었다 편다.

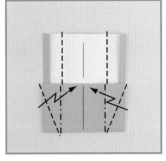

5 접었다 편 선을 이용하여 그 림처럼 접는다.

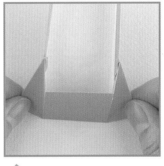

6 중간 그림

7 중심선에 맞추어 접는다.

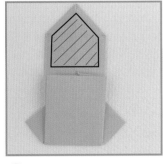

8 빗금친 부분에 알맞게 자른 종이를 덧붙인다.

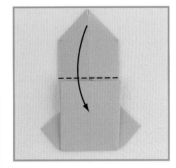

9 접어 내린다.

10 예쁘게 장식하여 완성한다.

이렇게 해보세요!

복주머니를 접어 리리앙실로 수술을 만들어 달거나 지혜지 등을 접어 장식하세요.
가로 20CM, 세로 30CM인 종이로접으면 실제로 돈을 넣을 수 있는 크기가 됩니다.

수솨!
세뱃돈
많이
받았다!

복주머니

옛날부터 오복이란 말이 전해
내려오고 있습니다.
수(壽), 부(富), 귀(貴), 강녕(康寧),
자손중다(子孫衆多)가
그것입니다.
복을 담은 복주머니를
완성하여 소중한 분들께
선물해 보세요.

수 업 연 구 Ⅲ   개구리경주

단원(제재)	놀잇감 만들기(개구리)	지도교사	전 경 자
학습목표	●개구리를 정확하게 접을 수 있다. ●접은 놀잇감으로 즐겁게 놀이를 할 수 있다.	대 상	아동 00명
		일 시	월 일 교시

단계	교수, 학습활동		시간	자료 및 유의점
	교사	아동		
도 입	**동기 유발** (색종이 노래 부르기) **종이접기 놀잇감의 좋은 점 알기** **종이접기의 교육적 가치 알기**	● 종이접기 노래를 부른다. ● 평소에 가지고 노는 장난감에 대해 서 이야기 한다(특징, 형태, 재료). ● 종이접기 놀잇감의 좋은점을 이야기 해 본다. –재료가 구하기 쉽다. –내 손으로 직접 만드는 기쁨을 느낄 수 있다. –변형하여 무엇이든 만들 수 있다. (창작, 응용) ● 종이접기의 가치를 안다. –두뇌를 개발 시킨다. –창의력을 길러준다. –집중력을 길러준다. ● 종이접기의 활용 범위를 안다. –놀잇감 –방안 꾸미기(평면, 공간장식) –생활용품 만들기 –소품 만들어 선물하기		● 1의 1 즐거운 생활 교과서의 종이접기 노래를 부른다. ● 사서 사용하는 것보다 무엇이 든 내 손으로 만드는데 큰 기 쁨과 가치가 있음을 알게한다. ● 종이접기의 좋은점, 활용 범위 를 다양하게 소개하여 아동으 로 하여금 흥미를 유발시켜 작품 활동에 적극적인 태도를 가지도록 유의한다.

단 계	교수, 학습활동		시 간	자료 및 유의점
	교사	아동		
도 입	종이접기 재료 (색종이)의 바른 선택법 알기	● 좋은 종이를 선택하는 방법을 안다. −각이 정확하게 맞아야 한다. −탄력성이 좋아야 한다. −색상이 고와야 한다.		● 작품특성에 따라 알맞은 크기, 색상, 재질의 종이 를 선택하도록 한다.
	종이접기의 바른 태도 알기	● 종이접기의 바른 태도를 안다. −접기전에 손을 깨끗이 씻는다. −종이의 앞면과 뒷면을 살핀다. −책상 위에 반듯하게 놓고 정성스럽게 차례 차례 접는다.		● 바른 태도로 종이접기 를 하는 것이 좋은 작품 완성의 지름길임을 강 조한다.
작품 구상과 표현	본시 수업 안내	● 본시의 수업 내용을 안다. −개구리 접기 −접은 개구리로 재미있는 놀이하기		● 색종이 준비
	종이접기의 기본 기호 알기	● 종이접기의 기본기호를 읽을 줄 안다. ● 종이접기의 기본형을 익힌다.		● 기본 기호 보는 법을 잘 익혀서 혼자서도 접을 수 있도록 지도한다.
	개구리 접는 법 설명	● 개구리 접기 −교사의 접기 시범을 보고 접는 순서를 익힌다. −반복 연습하여 정확하게 개구리를 접는다. − 잘 뛸 수 있도록 모양을 변형 시켜 본다.		● 교사의 시범을 잘 보고 접 는 순서를 익히며 어려운 과정도 스스로의 힘으로 접어 성취감을 느끼게 한다.

단 계	교수, 학습활동		시 간	자료 및 유의점
	교사	아동		
발전	*(놀이1)* '개구리의 보물찾기 여행' (주사위 놀이방법 설명) *(놀이2)* '개구리 올림픽' 1.개구리 높이 뛰기 경기 2.개구리 넓이 뛰기 경기 3.개구리 빨리 뛰기 경기	● 주사위 놀이를 한다.(2인 1조) **놀이 방법 1** -1개의 주사위를 이용하여 개구리 옮겨 가기 **놀이방법 2** -2개의 주사위를 동시에 던져 두수를 곱한 수의 일의 자리수 만큼 옮겨 가기 ● 5인 1조로 조를 짜서 경기한다. -필통을 2~3개 쌓아놓고 높이뛰기 경기를 한다. -두 개의 책상 사이를 개구리가 뛰어 넘는 경기를 한다. -출발선에서 5m정도에 결승선을 긋 고 개구리 빨리뛰기 경기를 한다. ● 각조 선수 선발 ● 결승전		● 보물찾기 주사위 놀이판을 준비한다. ● 개구리에 이름을 써서 말로 사용한다. ● 규칙을 잘 지켜 게임하도록 지도한다. ● 경기 규칙을 잘 지키고 질서 있게 경기하도록 한다. ● 경기의 승패를 가려 이긴 팀에 축하와 진팀에 격려를 해준다.
반성 및 정리	**본시 활동 반성** **차시예고** **종이접기의 활성화 유도** **정리 정돈**	● 만든 작품 비교 감상 -잘된 점, 잘안된 점과 어려웠던 점을 찾아본다. ● 다음 시간에 만들 작품을 알고 알맞은 재료를 준비한다. ●종이접기 급수제도, 작품 공모전이 있음을 안다. ●작업한 주위를 깨끗이 정리 정돈한다.		● 자유롭게 발표하여 다음 작품 제작에 도움을 얻도록 한다. ● 종이접기 협회의 활동을 알려 아동들이 종이접기에 관심을 가지고 계속 활동 할수 있도 록 해 준다. ● 재활용을 위한 폐지 수집을 권장하여 절약정신을 아울러 지도한다.

개구리

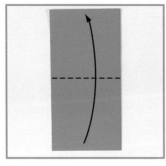

1 색종이를 반 접은 상태에서 다시 반을 접는다.

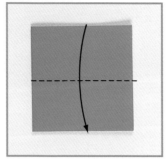

2 앞 장만 반을 접는다.

3 다시 편다.

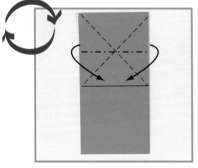

4 삼각주머니접기 한다.

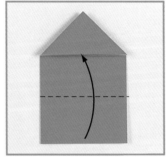

5 반을 접어 올린다.

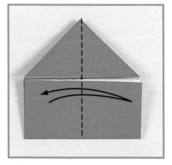

6 접었다 편다.

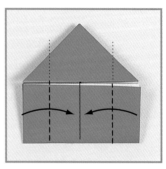

7 삼각주머니 뒷부분만 중심선에 맞추어 접는다.

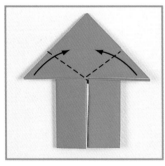

8 비스듬히 접는다.

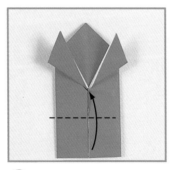

9 반을 접는다.

10 중심에 맞추어 아래로 접어 내린다

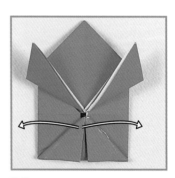

11 양쪽으로 잡아 당겨 쌍배접기 한다.

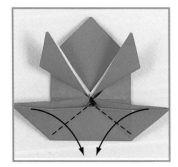

12 아래로 접는다.

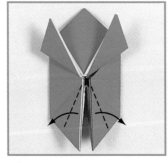

13 비스듬히 접는다.

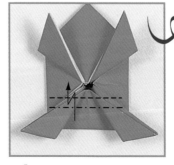

14 계단접기.

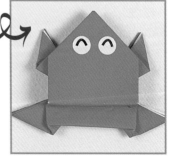

15 완성.

개구리의 경주

 **도안** 원하는 크기 만큼 축소하거나 확대하여 사용하세요.

56쪽 신기한 바다속

66쪽 도령과 아씨

잘라내는 부분

107쪽 족두리

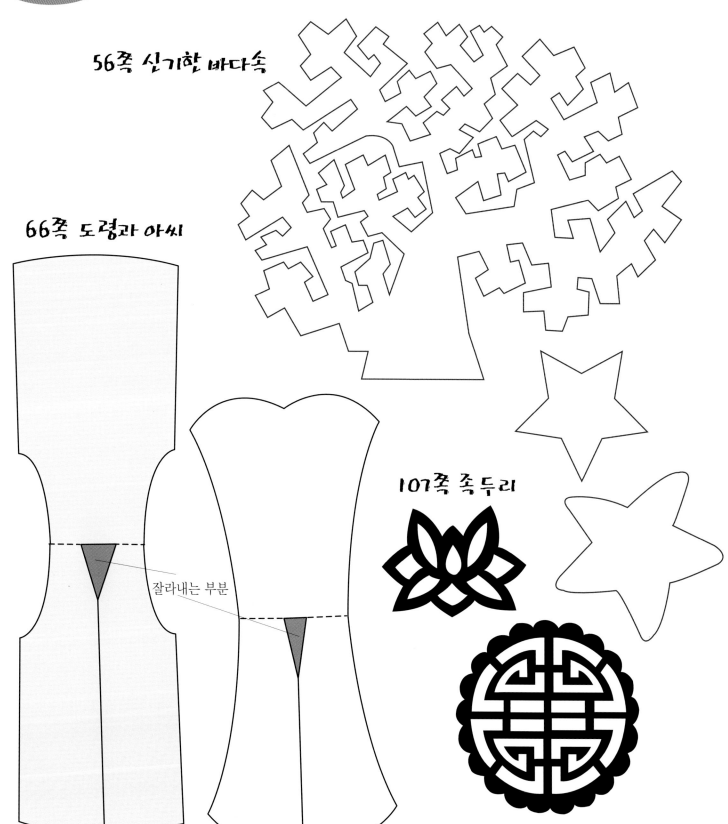

원하는 크기 만큼 축소하거나 확대하여 사용하세요.
(116쪽 십이지)

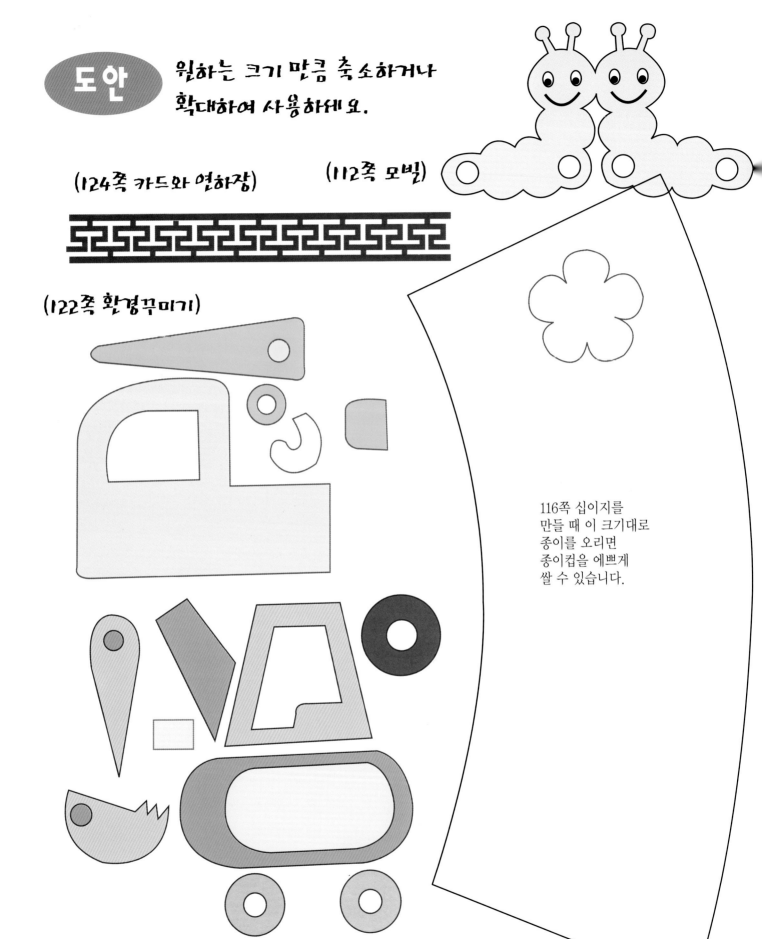

도안 원하는 크기 만큼 축소하거나
확대하여 사용하세요.

(124쪽 카드와 연하장)   (112쪽 모빌)

(122쪽 환경꾸미기)

116쪽 십이지를
만들 때 이 크기대로
종이를 오리면
종이컵을 에쁘게
쌀 수 있습니다.

(121쪽 표시물)

(113쪽 꽃)

자르고 나서 안으로 눌러 넣는다.

호치키스

113쪽 ⑤, ⑥의 자르는 선을 나타낸 그림

호치키스

151

대한민국 종이접기강사 는……

- 내 아이에게 창의성교육을 직접 지도할 수 있습니다.
- 유아, 어린이, 청소년들에게 「대한민국 종이접기 급수(마스터)」 자격 취득과정을 지도할 수 있습니다.
- 취미생활, 문화예술가로서 국내 및 해외에서 종이접기 문화 활동을 전개할 수 있습니다.
- 1:1 종이접기 개인지도, 홈스쿨, 공부방, 어린이집, 유치원, 각급교육기관, 방과후학교 수업,
  사회복지시설, 문화센터등에서 전문가로서 활동할 수 있습니다.
- 국내,해외에서 문화예술활동과 종이접기문화 세계화와 세계평화운동을 펼쳐나갈 수 있습니다.

「대한민국 종이접기 강사」 자격증 취득 시,
한발 앞선 종이접기 선생님이 될수 있는
종이접기 지도를 위한 『종이접기 교육 지침서』를 드립니다.

종이접기 지도를 위한 - 『종이접기 교육 지침서』는
수업 목표, 수업 과정의 기본 방향이 제시되어 있어
종이접기를 지도할 때 바르고 효과적으로 지도할 수 있습니다.
종이접기 문화예술의 가치를 이해할 수 있도록 참고 자료를
예시했으므로, 전통적인 것, 현대적인 것, 창의적인 것에
대해서 자신감을 갖고 지도할 수 있습니다.

「종이접기교육지침서」는
강사활동의
든든한 길잡이가
되어 드립니다~

자격신청문의:종이문화재단 국내외 종이문화교육원, 지부, 공방 또는 사무처 TEL:02)2279-7900 FAX:02)2279-8333
www.paperculture.or.kr   www.jongiejupgi.com

『대한민국 종이접기강사』독학교재

『대한민국종이접기강사』- 종이접기 지도서와 동영상 CD,
종이나라색종이, 투명풀과 자격심사 제출 때 필요한
화일과 스티커 등이 들어있는 교재입니다.
시간에 구애없이 동영상을 보며 따라 접으며
쉽게 종이접기를 배우고
〈대한민국종이접기강사〉 자격을 취득할 수 있습니다.

독학교재 값 49,000원 / 발행 종이나라

판매처_전국유명서점 및 종이나라 박물관 샵,
종이문화재단 국내외 종이문화교육원, 지부, 공방

대한민국 종이접기강사 는……

유아·어린이·청소년 「대한민국 종이접기급수(마스터)」
자격 과정을 지도할 수 있습니다.

두뇌계발·정서함양·창의성을 기르는

유아 종이접기 마스터
어린이 종이접기 마스터
청소년 종이접기 마스터
자격증!

종이접기는 수학, 과학, 예술이며 지혜와 평화를 상징합니다.

즐거운 놀이문화를 체험하게 하며 뒤뇌계발, 창조력, 집중력, 정서함양, 창의인성을 길러줍니다.
위의 자격증 과정에 합격하면 종이문화재단(세계종이접기연합)에서 인증하는
「급수증」, 「단증」, 「마스터자격증」 과 「메달」이 수여됩니다.

연령별 자격 취득 과정

- 유　아 : 2급 ——→ 1급(유　아 종이접기마스터)
- 어린이 : 3급 → 2급 → 1급(어린이 종이접기마스터)
- 청소년 : 1급 → 1단 → 2단(청소년 종이접기마스터)

스스로 학습 똑똑한 「어린이 급수종이접기」(3·2·1급 마스터)

「급수종이접기 3급」
값 5,000원

「급수종이접기 2급」
값 5,000원

「급수종이접기 1급 마스터」
종이나라 / 값 7,000원

스스로 학습이 가능한 급수교재

- ●「어린이 종이접기 마스터」 자격을 목표로 준비하여
  스스로 학습할 수 있는 훌륭한 길잡이입니다.

- ● 종이접기 활동의 기본이 되는 도면을 익히고 활용할
  수 있습니다.

- ● 두뇌계발, 창의성 계발에 도움이 되며 정서함양에도
  좋은 학습교재입니다.

판매처_전국 유명서점 및 문방구

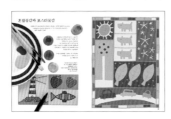

7F jong ie nara Bldg. 166 Jangchungdan-ro, Jung-gu, Seoul, Korea 100-391

Contact Tel : (82-2)2268-5252 Fax : (82-2)2277-5737 E-mail : jongie@jongienara.co.kr

● 양면색종이

2500양면색종이
60g / 15x15cm / 100매

● 엠보양면색종이

2500엠보양면색종이
100g / 15x15cm / 80매

● 같은색단면색종이

1000같은색단면색종이1~25번
60g / 15x15cm
1~23번(같은색종이): 각 1색 40매
24번(금색),25번(은색): 각 1색 20매

● 50 COLORS(단면)

3000 50색단면색종이
60g / 15x15cm / 50매

● 단면종이학접기

9000단면종이학접기(케이스)
60g / 6.9x6.9cm / 1000매

● 꽃나래(소)(단면)

1000꽃나래(소)1~4
70g / 7.5x7.5cm / 80매

● 꽃나래(대)(단면)

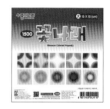

1500꽃나래(대)
70g / 15x15cm / 40매

● 공룡무늬(양면)

1000공룡무늬1
60g / 15x15cm / 20매

● 전통무늬(양면)

1000전통무늬1~4
60g / 15x15cm / 20매

● 만능엠보무늬(양면)

2000만능엠보무늬1~4
100g / 26x26cm / 8매

● 둥근색종이

2000둥근색종이
60g / 3.5, 7, 10, 14, 15cm / 81매

● 우리한지

500우리한지
40g / 15x15cm / 10매

● 눈스티커

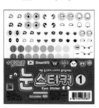

1000눈스티커1~3
90g / 15x15cm / 3매

● 칭찬스티커

1000칭찬스티커1~8
90g / 9.5x15cm / 7매

● 가위

1000학생가위
(핑크, 블루)

1000안전가위
(핑크, 블루)

종이나라풀은 단단하며 뭉게지지
않으며 강력한 초기접착력으로
두꺼운 종이에도 잘 붙습니다.

종이나라 만능본드는
종이, 스티로폼, 우드락, 나무, 천,
가죽 등을 붙일 때 편리합니다.

종이나라 공예용본드는
뾰족해서 세밀하게 사용할 수 있고
끝부분을 자르면 넓은 면을
붙일 수 있습니다.

종이나라 니스는 나무, 지점토,
클레이, 스티로폼, 우드락 등으로
완성한 작품을 오랫동안 보관하고
싶을 때 사용하면 좋습니다.

창의성을 길러주는 종이조형지도의 길잡이

종이조형나라

초판 1쇄 인쇄 | 2000년 9월 25일
초판 20쇄 발행 | 2015년 8월 20일

지 은 이 | 전경자
펴 낸 이 | 노영혜

펴 낸 곳 | (주) 종이나라
등   록 | 1990년 3월 27일 제1호
주   소 | 우)100-391 서울시 중구 장충단로 166 종이나라빌딩 7층
전   화 | (02)2264-7667
팩   스 | (02)2264-0671
홈페이지 | www.jongienara.co.kr

주문번호 ZA4521
ISBN 978-89-7622-187-2 04690
정가 15,000원